CB077273

Título original: إلى أين أيّتها القصيدة؟ سيرة ذاتية
Copyright © 2022, Ali Jaafar Al-Allaq
Alaan Publishers, Amman

A publicação desta tradução foi possível através do apoio financeiro do Sheikh Zayed Book Award no Abu Dhabi Arabic Language Centre, parte do Departamento de Cultura e Turismo — Abu Dhabi.

EDIÇÃO Felipe Damorim e Leonardo Garzaro
ASSISTENTE EDITORIAL André Esteves
TRADUÇÃO Nisreene Matar
ARTE Vinicius Oliveira e Silvia Andrade
REVISÃO Elaise Lima, Mara Magana e André Esteves
PREPARAÇÃO André Esteves

CONSELHO EDITORIAL
Felipe Damorim
Leonardo Garzaro
Vinicius Oliveira

Dados Internacionais de Catalogação na Publicação (CIP)
(Câmara Brasileira do Livro, SP, Brasil)

A317p
    Al-Allaq, Ali Jaafar
    Para onde... Ó poema? Uma Autobiografia de Ali Jaafar Al-Allaq; Tradução de Nisreene Matar.
    Santo André-SP: Rua do Sabão, 2024
    256 p.; 14 × 21 cm
    ISBN 978-65-81462-81-9
    1. Autobiografia. 2. Poemas iraquianos. I. Al-Allaq, Ali Jaafar. II. Matar, Nisreene (Tradução). III. Título.

                                                             CDD 808.06692

Índice para catálogo sistemático:
I. Autobiografia
Elaborada por Bibliotecária Janaina Ramos – CRB-8/9166

[2024] Todos os direitos desta edição reservados à:
Editora Rua do Sabão
Rua da Fonte, 275 sala 62B - 09040-270 - Santo André, SP.

www.editoraruadosabao.com.br
facebook.com/editoraruadosabao
instagram.com/editoraruadosabao
twitter.com/edit_ruadosabao
youtube.com/editoraruadosabao
pinterest.com/editorarua
tiktok.com/@editoraruadosabao

PARA ONDE... Ó POEMA?

UMA AUTOBIOGRAFIA DE
ALI JAAFAR AL-ALLAQ

Traduzido do árabe por Nisreene Matar

ÍNDICE

Parte 1

Wasit, Al-Hajjaj e fantasias de infância	9
Narrativas de alegria e tristeza	21
Minha primeira lenda	31
Onde ficam os ônibus vermelhos de dois andares	43

Parte 2

No momento em que descobri que o poema é uma criação humana	55
O cheiro dos primeiros livros	61
O caos dos inícios	69
O primeiro poema	77
O primeiro livro	85
Sou da década de 1960 e não sou um deles	91

Parte 3

As alegrias da primeira viagem	101
Cairo e suas luas infinitas	109
Exeter, Al-Bayati e os sinos distantes	119
A grande dama e sua inacabada morte	131
Revista Al-Aqlam, Adonis e as calúnias	141
A noite mais longa da história	157

Parte 4

Como se eu fosse o último sobrevivente	165
O poeta e o emprego	177
Filhos da água, do fogo e da ausência	183
Uma cidade nascida do farfalhar de duas palmeiras	189
Chamado das amizades	197
O poeta, o tempo e a universidade	205

Parte 5

Quem atraiu os lobos do vento? 215
As bandeiras, os relinchos e o sussurros das pedras 223
Esconder-se dele ou recorrer a ele? 229
O poeta e a esposa amiga 239
Saudações, ó vizinha árvore 249

PARTE 1

Wasit, Al-Hajjaj e fantasias de infância

I

Al-Hajjaj ibn Yusuf Al-Thaqafi[1] olhou para os soldados que não conseguiram ingressar no Exército da Conquista e sua polícia os levou ao pátio da mesquita. Ele viu um campo de frutos maduros que estavam no momento certo da colheita. Assim que ele proferiu sua terrível ameaça, o silêncio se espalhou por todo o lugar. As mãos cheias de veias ficaram relaxadas, os joelhos dobraram e pedras que deveriam ser jogadas caíram sobre os ladrilhos. A partir desse momento, o chão de Wasit rachou e as pedras de suas paredes ficaram misturadas com sangue.

Ouviram-se os gritos daqueles que fugiam do Al-Hajjaj por medo dele ou daqueles que vieram até ele em busca de refúgio, e os tiranos começaram a se multiplicar como erva daninha, mas suas feições estavam sempre mudando, e cada um tinha suas inúmeras vítimas e, também, seus inúmeros apoiadores.

Os camponeses, que conhecem Deus como conhecem o cheiro da terra arada, habituaram-se a dois tipos de morte: uma morte decretada por Deus e com um prazo predeterminado, e outra morte que o senhor feudal julga sobre o povo.

A fundação da antiga cidade de Wasit não foi acompanhada pela prosperidade e expansão da vida como parece. Na verdade, talvez o oposto fosse verdadeiro, a sua associação ao excesso de tirania foi significativa, já que não foi um cidade fundada por pioneiros para atender ao chamado de vida ou a um desejo de revitalização das suas áreas. Pelo contrário, encarna um dos períodos mais cruéis da história, tanto que imagino que as pedras desta terra ainda são, até hoje, escorregadias ao toque devido ao sangue e aos gemidos de dor que ficaram grudados nelas.

---

1 Um dos mais notáveis governadores que serviram o Califado Omíada.

Parece-me também que Al-Hajjaj, aquele tirano eloquente, quando se propôs a construir Wasit durante o seu governo, atendia a sua sede de poder. Ele teve que expandir o pedaço de terra que governava para que pudesse acomodar mais sua opressão. A sua tirania atingiu tal ponto que levou Hasan Al-Basri a proferir o seu famoso grito: "Estou impressionado com a sua audácia contra Deus e estou impressionado, ainda mais, com a paciência de Deus para consigo".

2

Quando abri os olhos naquela minha pequena aldeia, os sentidos da criança que eu era estavam abertos para as mentes das planícies ou para o perfume dos campos. Havia nela uma inclinação que, talvez, não tenha abandonado até agora pelo início do outono e pelos primeiros trovões, chuvas e colheita das frutas. Ainda me lembro dela com muita saudade.

Era uma simplicidade semelhante à pobreza e detalhes difíceis de esquecer, o tempo a afastou, ou ela se afastou dele, a ponto de entrar num ponto nebuloso do qual não há retorno. Mas um fio mítico, caloroso e tênue ainda se estende entre mim e aquela aldeia e as suas cabanas de barro resistentes. Tal como antes, o seu aterro estende-se até ligá-la à cidade de Kut, centro da província de Wasit.

A província de Wasit, que as pessoas conheciam na época como distrito de Kut, vivia num regime feudal extremamente feroz. É como se a ameaça do Al-Hajjaj tivesse tornado a antiga maldição de Wasit: ainda controla os destinos e as mentes das pessoas. Uma terra vasta e extensa, como os céus, propriedade de uma pessoa, o senhor feudal, e os camponeses, aos milhares, que cultivam essa terra e cuidam do seu solo até que fique verde e dos seus campos até que fiquem cheios de espigas douradas e frutos. No final da temporada, eles podem receber apenas um punhado de feno, ou o suficiente para evitar que morram de fome.

Meu pai não era proprietário de terras naquela aldeia e não era exatamente um camponês. Ele era pouco mais que um camponês, muito menos que um proprietário de terras. Uma frase que repeti muitas vezes. Senti, sem perceber, é claro, que havia uma hierarquia nas posições das pessoas e nos seus estratos sociais e econômicos. Um proprietário da terra e de tudo o que nela existe e agricultores que não têm nada além do seu trabalho e da sua espera amarga. Casos de pobreza, chegando por vezes à humilhação. Eu me pergunto agora o que eu estava sentindo naquele momento sem consciência: foi o efeito da tirania e crueldade de Al-Hajjaj?

Naquela aldeia que ligava a minha narrativa à água, aprendi a ouvir o vento do inverno ecoando os seus lamentos noturnos frios nos campos ao redor, e gravei na minha memória uma multidão de criaturas que exalam a sua raridade e serenidade. Naquela aldeia que se fundia num espaço de nostalgia, habituei-me às aves da colheita e aos ciganos que chegam livres de qualquer suspeita: fazem, durante o dia, bijuteria para as mulheres e adagas de matar e vendem a música e os prazeres à noite.

Desde que migramos, em meados da década de 1950, até este momento, Wasit inteira tem sido turva e melancólica em meu coração. Não se afasta completamente e nem se aproxima o suficiente. Não há ausência que me ajude a esquecer e nenhuma proximidade que ajude a curar minha alma:

> *Talvez a ilusão crie uma mulher*
> *Das entranhas das árvores...*
> *Talvez o feno não germine com a chuva...*
> *Talvez Wasit esteja dentro de mim, como as mães...*
> *Cantam para a velhice ou para os corações de pedra.*

3

Uma quantidade de cabanas de barro, campos extensos e flores brancas. Não está localizada longe do rio, pois a distância entre a aldeia e o rio Tigre não ultrapassa dois ou três quilômetros e apenas uma barragem de terra os separa e estende-se da cidade de Kut à cidade de Sheikh Saad. Nas noites das cheias, ouvíamos muitas vezes os gritos e cânticos dos agricultores enquanto trabalhavam para levantar a barragem e reforçar as suas margens, por medo da fúria do rio solto ou da sua súbita loucura de lama.

A aldeia localizava-se do lado direito daquela estrada alta de terra, que liga aldeias dispersas à cidade de Kut. A barragem e o rio são separados por uma faixa de terra aluvial fértil onde os agricultores geralmente plantam ervilhas, feijão-nhemba, abóboras, pepinos, melões e melancias. Assim, esta faixa fértil, que chamamos de Al-Hawi, era perfumada com aromas próprios.

Nossas noites não eram afastadas daquela fragrância refrescante que a brisa úmida do rio nos trazia à noite. Às vezes, até sentíamos que a própria noite estava muito aquosa: como se viesse até nós diretamente do rio. Noites que víamos como diferentes das noites de outras aldeias, daquelas aldeias distantes que ficam para além da noite e são privadas daquela alegre vizinhança com a água.

Fui atraído pela água, desde a minha infância, por um vínculo especial: algo ou uma força oculta que nunca entra no círculo da consciência, mas permanece lá: na raiz ou no fundo do poço ou na escuridão do subconsciente. Para formar uma parte clara da minha personalidade e tendências comportamentais, talvez:

> *Ó água, ó você que é bela, desobediente e compassiva*
> *Você era uma linguagem para mim,*
> *quando eu estava com medo*
> *dos outros...*

A água tinha, e ainda tem, para mim, conotações especiais, que são uma mistura apressada de muitos elementos que colidem entre si: o milagre da criação, o mistério, a liberdade e a conquista de finais, o desejo e o desamparo do corpo, o poder da imaginação, a natureza e sua magia expansiva.

A água tem um poder indiscutível sobre mim. Sempre me coloca em climas emocionais muito duros e doces, representados, talvez, pela tristeza que corre como as primeiras nuvens. A água foi e ainda é associada tanto à morte quanto à vida. Era habitual os aldeões correrem para o rio, entristecidos pelo afogamento de um dos seus filhos. Muitas vezes vi cenas como esta: aldeões esperam longas horas, talvez dias, esperando que o corpo de uma pessoa afogada flutue até a superfície da água. Passam a noite amarga nas margens, acolhendo o amado cujo corpo lhe falhou ou que foi raptado pelo redemoinho do rio, levando-o às profundezas escuras: onde a morte espreita.

A minha aldeia não foi poupada da fúria do rio quando este transbordava e perdia a sua impetuosidade. Embora ele costumasse fluir perto dela afetuosamente durante a maior parte das estações do ano. Mas quando está farto, ele se transforma em uma força letal e destrutiva que destrói tudo: cabanas, leitos de lama e memórias. Minha mãe sempre me contou que a água turbulenta invadiu repentinamente o sono deles, uma noite, depois que parte da barragem de terra que separava o rio das aldeias espalhadas perto dele desabou.

A água e a escuridão invadiram as casas, causando estragos em tudo: nas paredes, nos rebanhos de gado e nos berços das crianças. O berço era feito de pano, amarrado em ambas as extremidades a duas vigas de madeira, e movido depois que a criança era colocada nele, da mesma forma que se move um balanço. A enchente levou alguns berços e afundou outros. Assim, os sonhos das crianças se encheram de água barrenta e de gritos e eu estava prestes a ser, naquela noite, uma daquelas crianças que se afogavam. Muitos anos depois, esta cena me ocorreu em um de meus textos:

> *Se o rio continuar até que sua loucura esteja completa...*
> *Onde podia alcançar os fins mais terríveis...*
> *Quem ficará refém de sua espuma?*

Porém, o rio Tigre tinha as suas grandes alegrias aquáticas: distribuía-as a nós, crianças, ao longo do ano. Achávamos que a enchente em si era uma das cenas cativantes. Era uma cena inesquecível. Como gostávamos ao observá-lo transbordar daquela beleza selvagem, deixando os adultos, quero dizer os nossos pais e mães em particular, sofrer a destruição que infligiu às suas cabanas, campos e sonhos. Ficava muito emocionado ao ver a água furiosa lutando para criar uma rachadura no corpo da barragem de terra. A vista do rio era dramática e as suas margens tinham-se espalhado devido à subida do nível das águas na primavera, até parecer um amplo horizonte de água cujas extremidades distantes mal podíamos ver. No meio de tudo isto, nunca esquecerei aquelas criaturas delicadas: os peixes brilhantes, as cobras d'água e os pássaros, que atacam, de um momento para o outro, as suas presas macias.

4

A vida na aldeia proporciona ao homem uma oportunidade ímpar de se misturar com a natureza e de se satisfazer com o que ela contém, seja a inocência ou a crueldade, um convite à contemplação ou uma tentação aos sentidos. Na aldeia, não senti que observava um mundo distante de mim; eu não era um espectador, mas sim uma das criaturas daquela natureza e parte do seu incansável ruído verde.

Foi assim que me senti e foi assim que fui preenchido com o que transmitia, dentro e ao meu redor, aquele mundo, tão primoroso na sua simplicidade e beleza, como se fosse uma sinfonia inebriante que penetrava todo o meu ser. A época das trufas, a afluência de ciganos, os dias de colheita, o cheiro da terra molhada depois da chuva, a visão das cegonhas brancas apoiadas num só pé nas águas traiçoeiras.

O apego à natureza era para nós, crianças, parte do nosso comportamento diário e da nossa tolice inocente. A natureza estava nua diante dos nossos olhos vorazes, sem quaisquer impedimentos ou objeções. Um tesouro de brigas, diversões e problemas deliciosos. Foi assim que era e assim foi o nosso sentimento espontâneo em relação a isso, pois emanava das nossas roupas esfarrapadas e se agarrava aos nossos jovens corações cheios de vida.

Na aldeia você faz parte da terra, mas na cidade há algo que te priva desse sentimento. Porque há algo que torna incompleto o seu contato com o corpo da natureza: áreas nuas de árvores, estradas pavimentadas, calçadas, carros e roupas. Coisas sólidas, metais e blocos que fazem de você um "algo" separado de outra "coisa" separada de você. A aldeia dá-lhe uma sensação completamente diferente, quando sente que os seus pés crescem diretamente da terra nua. Todo o seu corpo foi feito de argila e água da aldeia e secou após ser exposto ao ar noturno ou à brisa da tarde.

Não posso esquecer aquele prazer incrível: vadear pela lama do campo e colher seus frutos crus. A frivolidade da infância levava-nos a correr entre plantas densas, a chapinhar na lama e na água e a perseguir pássaros migrantes, gafanhotos ou coelhos.

Quão tentadora é a vista quando toda a atmosfera fica saturada daquele delicioso aroma verde. Como é lindo estender a mão para esta ou aquela planta e sentir, entre os dedos, a textura dos frutos moles dispostos juntos: a ervilha, o gergelim ou o algodão. Os tomateiros, por exemplo, eram extremamente interessantes de se olhar: frutos redondos, suculentos e intensamente vermelhos. Às vezes, nós os colhemos antes de estarem completamente maduros e os devoramos com um estranho prazer, como se os deixássemos completar a maturação ali, onde se misturam com o nosso sangue que anseia por luz.

Entre os nossos prazeres sentimentais, que ainda representam a herança das nossas aldeias distantes, estão o cheiro do arroz âmbar e do arroz com lentilha, bem como dos doces Madduka e Shaath: o primeiro é uma mistura de tâmaras e gergelim que é triturada com um grande pilão de madeira por meninas no auge da juventude, até que a pasta escorra pelos poros da madeira dura, e a segunda é a massa de tâmaras, pasta e Al-Bathith, que é o leite em pó na forma de um pó granulado. Um perfume que entrava na minha casa, penetrando na escuridão da cabana e no meu sono profundo e no da minha família. Muitas vezes acontece, ao corrermos por aqueles campos recém-irrigados, que a nossa percepção da beleza e a nossa percepção do terror coexistem: o quanto sentimos, sob os nossos pés descalços, a sensação de uma cobra enquanto ela deslizava para longe, em toda a sua suavidade, beleza assustadora. Quantas vezes nossos pés ou mãos foram feridos quando pisamos em uma lasca afiada de estanho ou ferro misturado com o barro. Ou quando somos atingidos por um galho espinhoso. Principalmente, nada nos traz de volta para casa, exceto a sensação de cansaço, o medo da noite ou o castigo de nossos pais. Muitas vezes voltamos com alguns de nós deixando gotas de nosso sangue ali em um tronco de uma árvore ou em alguma pedra pontiaguda.

Há ocasiões de alegria espalhadas pelos dias do ano. Ela ocorre em mudanças de horário conhecidas, com nuvens frias ou acumuladas, ou quando as pessoas se preparam para a primavera, a colheita ou um feriado. Roupas novas, por exemplo, só entram em contato com a pele de muitas pessoas uma ou duas vezes por ano, durante o Eid[2] ou quando as estações mudam. Quanto ao ônibus, é portador diário de boas notícias, despedimo-nos de quem vai nele para a cidade e damos as boas-vindas a quem vem. Muitas vezes, temos um estranho prazer em agarrar-nos àquele veículo ou aos carros que passam por aquela rua de aterro durante o dia, na esperança de descer na próxima aldeia. Acontece que nossas mãos ou pernas falham e não suportamos correr longas distâncias com o carro ou permanecer presos a ele. Às vezes, a única coisa que nos atrai para aquele carro é a esperança duvidosa de um morro, de um buraco ou de uma travessia de animais, para que o motorista diminua a velocidade. Porém, sempre caímos espalhados na estrada e depois voltamos para nossas aldeias com a pele coberta de sujeira e hematomas.

Nossa travessura nos levava, às vezes, aos extremos da infância inocente, dos achados brilhosos na grama, do riso que

---

2 Uma festividade religiosa.

emana de nossos corações, como o som do trovão nos dias de primavera. Desfrutamos com toda a energia do nosso corpo, regozijando-nos ou aguardando as transformações da terra, enquanto sentimos o cheiro das suas profundezas aradas. Costumávamos improvisar coisas que criassem diversão e não matassem ninguém. Admirávamos um de nossos amigos, como ele encontrou essa forma inovadora de pentear seu cabelo desgrenhado e revolto? Até descobrirmos o segredo. Ele sai de casa direto para a plantação de quiabo, pega alguns maduros e os esfrega bem entre as palmas até que a cola pegajosa cubra suas palmas. Então, ele passa os dedos pelos cabelos duros. Eles permanecem alinhados e nem um fio de cabelo treme até o final do dia. Ele alegou que usou um creme especial que seu pai trouxe da cidade de Kut ou Sheikh Saad. Até que a viscosidade do quiabo ou os restos de seus pequenos grãos o expusesse...

Nos tempos distantes da nossa infância, a chegada de um visitante trazia felicidade, pois estava estranhamente associada à alegria e à mudança. Sua presença era outro revigoramento para nossos dias e uma interrupção em seu curso, que de outra forma seria monótono. Às vezes, encontramos na chegada de um convidado uma fuga, momentânea, do rigor do pai ou da família, como se os rituais de celebração do visitante fossem uma ocasião para escapar ao controle exercido sobre nós por aqueles que são mais velhos.

Pessoalmente, considerava meu tio o mais encantador dos nossos hóspedes. Ele morava em uma área remota do assentamento Dujaila, em Wasit, que foi um projeto agrícola pioneiro estabelecido pelo governo local, após lhe ter fornecido um canal de água principal, riachos secundários, pontes para a travessia de pedestres, máquinas agrícolas modernas e uma estrada asfaltada que o liga à cidade de Kut.

Meu tio tinha uma certa fama em sua região, uma voz forte e uma figura alta e atarracada. Ele foi extremamente generoso. Chegava até nós em momentos diferentes, mas irregulares, como se fosse um fenômeno da natureza ou como se fosse exatamente a própria na velocidade de suas transformações... Sua voz alta, sua raiva presente, sua ternura abundante até o ponto de chorar pelas situações humanas mais simples. Como nos alegramos com sua presença, de longe, como se ele estivesse emergindo da linha onde o céu encontra a vasta terra, então ele se aproximava aos poucos, em sua linda égua, puxando uma bolsa de couro para sua sela polida na qual coloca um pequeno narguilé constituído por uma base de vidro e um tubo de borracha com uma quantidade de tabaco enrolado.

Na hora de fumar, ele enche a palma da mão com uma quantidade de tabaco marrom e, para purificá-lo de qualquer poeira ou impurezas grudadas, mergulha a mão na água. Depois, aperta o tabaco molhado entre os dedos para secá-lo. Ele enche o narguilé com água e monta suas peças uma por uma. E assim por diante, até que o formato do narguilé estivesse completo e seu agradável trabalho começasse... Gostava de ver as brasas que brilhavam, acima do tabaco, a cada nova inspiração e adorava o som da água, espumando e borbulhando dentro da garrafa, misturando-se com aquela camada transparente de fumaça suave.

Lembro que ele carregava um relógio prateado com uma corrente muito brilhante. Eu corria para sentar-me ao lado dele quando ele tirava o relógio do bolso da jaqueta para verificar as horas. Admirava o movimento do seu pequeno ponteiro, que se movia com fluidez e fluxo ininterrupto, por isso ainda o prefiro, ainda hoje, ao outro ponteiro que se move em rajadas intermitentes e regulares, como na maioria dos relógios de hoje. Havia dois relógios que estavam intimamente ligados à minha infância. O relógio do meu tio, com sua corrente brilhante, e o relógio do xeique Malik, que costumava prender no pulso esquerdo, e davam a seus gestos e conversas uma solenidade cativante.

5

Como é bela a fantasia infantil e como são deliciosas suas imaginações ferozes e amorosas ao mesmo tempo. Têm uma tremenda capacidade de fazer a sujeira cheirar a leite e as cobras terem corações que amam com muita ternura.

Muitos mitos e histórias sopravam nas nossas mentes, empurrando-nos para frente deles, nos caminhos da aldeia, para praticar a nossa estranha diversão ou para nos apegarmos cada vez mais à magia do mito e à sua doce atmosfera. Como nós e alguns dos meus colegas pensávamos sentir o cheiro do leite que chegava até nós vindo da sujeira da terra sempre que alguns beduínos passavam pela aldeia nas costas de seus camelos altos.

Cada um de nós escolhia uma das marcas das pegadas de camelo desenhadas na terra e se inclinava sobre ela como se estivesse rezando. Abria a palma da mão direita verticalmente, colocando o dedo mínimo na terra e a ponta do polegar na boca. De repente, o cheiro da superstição flui da terra da estrada para as nossas boquinhas. Passam apenas alguns momentos até que o ar se enche do cheiro do leite: o leite dos camelos que são altos como árvores e graciosos como jarros desenhados. Na verdade, sentíamos que nossos narizes estavam cheios de seu perfume e estávamos lambendo-o entre nossas bocas. Às vezes, nos apressávamos para os cantos das nossas roupas para limpar o que quer que estivesse grudado em nossos lábios ou o que tivesse caído em nossos trapos escuros.

O mito, ou a realidade semelhante ao mito, leva-nos ainda mais longe. Tínhamos ouvido falar que alguns homens tinham habilidades incríveis: como ter um toque mágico nas mãos que curava picadas de cobra e do escorpião preto como a noite. O que mais despertou a nossa imaginação foi aquela miçanga mágica chamada Veia Costeira, que, como dizem, conferia ao homem que a carregava a sorte com as mulheres e um efeito curativo da picada de cobras venenosas. Isto é o que dizem as conversas da aldeia ou os seus mitos imaginativos. Como invejamos aquele homem e como desejamos poder ser ele um dia e desfrutar, como ele, do efeito mágico que esta estranha miçanga tem nas mulheres em particular.

As histórias da aldeia dizem que esta miçanga só vem como presente de duas cobras, fêmea e macho, que estão em um estado especial de paixão. Eles só a dão para quem os vê nesse estado e os deixem desfrutar de seu abraço ou aproximação íntima. Depois de terminarem esse embate delicioso, eles escorregam pelo mato denso, deixando para trás, em seu leito macio, aquela pedra incrível.

    Divertimo-nos muito com este mito e talvez muitos dos aldeões ainda acreditem e gostem dele. Embora olhássemos constantemente para as selvas e as margens dos rios, não vislumbramos, nem uma vez, uma cobra abraçando sua fêmea de forma apaixonada.

Narrativas de alegria e tristeza

I

Nunca esquecerei aquele momento, visitando minha aldeia, na província de Wasit, onde nasci e vivi minha infância, depois de muito tempo longe dela. Naquele dia, não tinha ninguém comigo no carro, exceto minha pequena família, e fui preenchido por uma sensação deliciosa, sobretudo ao meu redor: Aqui estou voltando para você, minha infância! Meus sentimentos estavam muito agitados e intensos. Não dirigia o meu carro em uma estrada, seja ela de pedra ou de terra, em vez disso, ele estava nos dirigindo ou, é mais certo dizer, estava me guiando, atraído por chamados misteriosos que vinham de todas as direções.

Imaginava que fosse a vila mais linda e doce; ela relaxava ao lado do rio Tigre, como se balançasse as suas beiradas nas águas turbulentas para que essa bela umidade subisse até seu coração, tornando-o mais terno e delicado, e a brisa verde do rio soprando sobre seus dias, suas histórias e suas canções, tornando-as, em minha memória, um frescor inesgotável.

Embora eu tenha deixado a minha aldeia com a minha família e migrado para Bagdá, quando ainda tinha menos de nove anos, ela nunca me abandonou: as suas criaturas e as suas coisas continuaram a preencher a minha narrativa constantemente e os seus pássaros matinais continuaram a encher a minha imaginação com barulho vivo e ninhos quentes mesmo quando eu estava em estado de calma e isolamento.

O cheiro do paraíso que escorria das minhas roupas às vezes me alimenta de sonhos e outras vezes de ilusões, de modo que permaneço apegado a mim mesmo e incapaz de me desintegrar. Era um paraíso de lama que, ainda hoje, cheira a trufas e a barro, a plantas de hibiscos e agriões. E contei para a minha esposa e minhas filhas fatos e imaginações sobre ela, sobre suas comemorações e as canções das mães ou as esposas tristes.

Tivemos dias cheios de eventos sociais e repletos de tudo o que enriquece a alma. A minha memória ainda está cheia daquelas emoções incontroláveis, dos dias de festas e casamentos ou das tragédias da história, dos acontecimentos sociais, das mudanças das estações e das colheitas, dos apelos para evitar as inundações ou das demonstrações de força e união nas reuniões das tribos. Em muitos encontros, muitas vezes, participei com meu pai. Eram executados, com excepcional exuberância, apenas através do som, da palavra e do ritmo.

O som era o cerne desses encontros e seu caminho até a alma me levou aos extremos da emoção, representado pela cantoria das mulheres, pelas canções sertanejas ou ciganas, pelo lamento das flautas de junco e pelos tiros disparados em casamentos, funerais e festejos.

A palavra também teve a presença que inflama a consciência; refiro-me à poesia popular, com os seus ritmos variados, como o Mawal ou Al-Zuhayri e a Al-Abudhiyya.[3] E os movimentos que acompanham todos esses eventos: as danças dos ciganos exalando os desejos e chamados do corpo, os passos excitados na Dabke[4] dos Aljubis, o avanço e o recuo dos corpos em meio à poeira e ao movimento do vento. Jamais esquecerei a emoção masculina única que a música improvisada produz naqueles momentos repletos de emoção e ostentação.

Essa mistura de ritmo, de palavras e de movimento dissolveu-se profundamente na criança que eu era na época, infiltrou-se em sua memória e imaginação, acrescentou-se à sua linguagem e, mais tarde, materializou-se no calor e na emoção que a protegia do perigo de escorregar para dentro da abstração e da expressão vazia.

---

3 São tipos e ritmos de poesia árabe.
4 Dança folclórica dos países árabes. Cada país tem a sua forma de dançar Al-Dabke.

2

No caminho para minha aldeia, também vi a cidade de Kut, a primeira cidade que vi na minha infância. Aquela que minha imaginação construiu com luzes e tecidos brilhantes e doces. Ruas lotadas de pedestres, cafés e grito dos vendedores. Há muitas coisas que eu não sabia antes de conhecer esta cidade pela primeira vez: os rádios novos, os carros reluzentes, as bicicletas, o sorvete e os refrigerantes Pepsi, Sinalco e Coca-Cola. E agora minha imaginação está puxando aquele filme colorido daquela cidade da infância, para que ela apareça como é em sua dolorosa realidade: becos enlameados, cantos melodiosos e pessoas amarguradas até os ossos.

Tive que me apressar para sair dali, tenho que lutar contra a monstruosidade da realidade diante de mim. Procuro refúgio na minha imaginação novamente, talvez ela feche uma cortina e esconda de mim esta cidade oprimida. E tive que continuar meu caminho rumo ao resto da minha infância, lá, na minha aldeia distante:

> *Caloroso como uma fábula, o amanhecer me guia...*
> *Ou bem escuro quanto uma nuvem carregada...*
> *Passaremos pelo nosso sonho e acamparemos em suas mãos*
> *Construímos uma casa chuvosa*
> *Ou um pouco primaveril...*
> *Vou passar pelos meus pais órfãos:*
> *Eles compartilham tristeza, alegria e a cama...*
> *Nosso forno se recupera do sono e inicia sua jornada:*
> *Quando minha mãe abraça seu fogo delicado...*
> *Cheio de nostalgia e pães...*

3

Parece que existe uma semelhança definida entre nós e os lugares; como nós, são atormentados por lembranças e se contorcem de angústia por causa daqueles que os deixam. Eles também envelhecem, suas costas curvam e ficam cobertos de cabelos grisalhos e rugas. Foi isso que descobri quando cheguei à minha aldeia.

Descobri que ela não fica longe da cidade de Kut e era uma surpresa verdadeiramente triste! Como então eu sentia que ela estava tão longe, até de forma surreal? Por que a estrada encurtou-se? E por que a face da terra se enrugou tanto? Eu estava examinando a barragem de terra abandonada, comparando o presente desagradável e seu passado, que brilhava em minha mente, estendendo-se entre minha aldeia e a cidade. No passado, esta barragem foi motivo de muitas alegrias. Nos tempos da minha infância, gostava da agitação dos homens que cuidavam da solidez da barragem e da resistência do solo, da sua longa vigília acompanhando o fluxo dos rios e riachos nas suas andanças noturnas, abrindo um ferimento de água aqui ou soldando um ferimento de água ali. Naquela época, só tínhamos um ônibus de madeira que passava por este aterro, recolhendo os agricultores das suas aldeias pela manhã e devolvendo-os à tarde, com os cheiros da cidade e a poeira das suas vielas estranhas flutuando das suas vestimentas.

Fiquei espantado novamente quando atravessei uma pequena colina de terra que era a última coisa que restava da margem de um antigo rio. Parecia-me, nas noites distantes da infância, um horizonte de montanhas desoladas habitadas apenas por gênios, águias e chacais. Foi assim que me senti em relação àquele rio em erosão quando ele alimentou minha imaginação com medos, mitos e detalhes confusos.

4

Os ciganos têm um papel inesquecível na renovação dos dias da aldeia. Pensávamos que eles eram conhecidos apenas na nossa aldeia e nas aldeias vizinhas. Como poderíamos nós, crianças daquela época, perceber que esses grupos de pessoas percorriam o mundo inteiro, perdidos e dispersos, há muito tempo? Cidadãos globais. Praticam a vadiagem, o canto, a dança, a venda de prazeres ou, às vezes, o roubo. Eles tinham uma vasta pátria cheia de privações, que se estende desde a China, Sudeste Asiático, Índia e Irã até a América, passando pela Europa Oriental e Europa Ocidental. Levando consigo suas lendas, suas diferenças, suas canções e suas crenças estranhas sobre a morte, a vida e o nascimento e a explicação do seu deslocamento de um lugar para outro.

Não sabíamos nada sobre eles. Párias misteriosos, mas procurados em alguns meses. Não víamos ciganos até a chegada da primavera. Como se fossem uma manifestação da natureza. Eles são irmãos da trufa quando ela responde ao chamado do trovão no outono e são amigos dos cortiçóis-coroados, os pássaros que chegam ansiosos junto com a época da colheita.

Nas aldeias, sentíamos que a primavera tinha um sabor completamente especial; os ciganos fizeram parte deste gosto, eram um sinal importante da chegada da estação mais aguardada, que não entra secretamente nas nossas aldeias, nem no nosso sentimento, uma sensação igualmente percebida por adultos e pelas crianças. Todos nós o sentíamos, ao mesmo tempo e de maneira semelhante, víamos isso em tudo: no farfalhar das árvores que voltavam a sentirem-se frescas, nos vastos campos que ondulavam ao vento como um horizonte de orvalho fresco. Entre os ciganos que começam a afluir aos campos para ajudar os camponeses na colheita mediante pagamento e para praticar uma série de outros trabalhos por vezes mais lucrativos e prazerosos.

Sentimos, fortemente e talvez inconscientemente, que a primavera se manifestava em tudo o que nos acontecia ou no mundo sensorial que nos rodeava: o canto dos pássaros que nos chegavam de todos os lados, os rebanhos de gado movendo-se em várias direções ou esfregando-se uns nos outros com clara alegria e entusiasmo, os riachos transbordando de água e o ar se enchendo do cheiro da colheita iminente e da grama saindo das fendas.

Quando a época da colheita se aproxima, ou exatamente com o seu início, os ciganos montam as suas tendas de feltro ao ar livre num extremo da aldeia. Começam a trabalhar com os camponeses na colheita, praticando as suas estranhas vidas e os seus ainda mais estranhos costumes com uma espontaneidade que verdadeiramente gera espanto e curiosidade.

A presença deles, que normalmente não durava muito, despertava alegria e vitalidade em todas as aldeias vizinhas. Eles trabalham na fabricação de adagas e são hábeis em fazer seus cabos de marfim ou prata cravejados de pedras preciosas. Eles também costumavam confeccionar dentes de ouro para mulheres. Uma estranha transição das suas vidas entre as ferramentas que matam e os meios de sedução, entre a aspereza do homem e a atração da mulher.

Resta o ápice e o mais oculto dos prazeres sensuais: o corpo da mulher. É um prazer que tem seus rituais, seu tempo e quem o procura. Uma cena inacreditável: os ciganos homens começam a tocar os instrumentos musicais enquanto as mulheres cantam, dançam e excitam os homens presentes com os movimentos mais sensuais. Um cigano poderia tocar até sangrar os dedos para uma mulher que se contorce diante da noite e dos olhares ardentes. O cigano faz isso para preparar esse corpo feminino para os assistentes mais vorazes ou para os mais capazes de pagar. Esta mulher pode, na maioria dos casos, ser sua filha, irmã ou esposa!

Apesar destas cenas emocionantes e sensuais, o que resta na vida dos ciganos e as oscilações das suas condições fazem do cigano um espaço simbólico muito atrativo e emocionante. O cigano, em muitos casos, torna-se um símbolo de ruptura com os valores prevalecentes e estáveis, ou uma indicação do marginal e do secundário, e da privação de tudo que está incluído na harmonia, homogeneidade e na estabilidade em algum lugar.

E quando os ciganos reúnem as suas barracas surradas no final da temporada e partem com as suas mulheres, as suas memórias e os seus simples instrumentos musicais, sentimos como se algo nas nossas vidas se extinguisse subitamente: os vemos se afastarem, rumando para um destino desconhecido, escondidos de nós pela noite e pelos exageros da imaginação, para que a nossa aldeia regresse pouco a pouco à sua vida anterior e ao seu ritmo cotidiano familiar.

Uma coisa muito estranha acontecia o tempo todo e ainda não consigo encontrar uma explicação para isso: não me lembro de que eu, ou qualquer um dos meus colegas, alguma vez tenha brincado com uma criança cigana ou sentado com ela num campo ou numa estrada. Todos os ciganos nasceram velhos? Será que os nossos pais nos impediram de estar com eles porque eram ciganos ou será porque eram eles, os ciganos, que se opunham a tal amizade? Como me entristece que os vejamos apenas como pessoas passageiras: levavam alegria e a felicidade aos outros e depois se dissolviam no ar ou nas trevas, sem que a sua ausência deixasse ferida na memória de ninguém.

5

As aldeias eram espalhadas à nossa direita, vindo da cidade de Kut, enquanto no lado esquerdo o rio Tigre se estendia misteriosamente relaxado. Passamos por uma aldeia que assistia, todos os anos, no décimo dia de Muharram,[5] a uma reconstituição do incidente de Karbala.[6] O xeique e seus filhos eram os organizadores deste luxuoso evento. Íamos das nossas aldeias distantes, dirigindo-nos com os primeiros raios de sol para aquela grande praça de terra batida, onde era representada a batalha de forma real com o início da manhã. Desde

---

[5] Muharram é o primeiro mês do calendário islâmico. O décimo dia é quando ocorre o Ashura, uma data sagrada que celebra a vitória do profeta Moisés contra o faraó do Egito.
[6] Ocorrida em 10 de outubro de 680, a Batalha de Carbala, também conhecida como Karbala, teve como cenário a cidade de Carbala, localizada no atual Iraque.

o começo, nos identificamos com as vítimas, pois quem representa esses personagens são filhos de xeiques e donos de vastas terras. Jovens, educados e claramente luxuosos e bonitos, como se o imaginário infantil visse na vítima um ponto de encontro de justiça, da beleza e da compaixão. Quanto aos que desempenham o papel de assassinos, são exatamente o oposto. Feios, cruéis, taciturnos e, talvez, não de boa fama. Assim, o exterior, o exterior do assassino, era, na nossa imaginação, uma tradução do mal e do desejo de matar que fervilhavam dentro dele.

Nosso estado de emoção devido aos acontecimentos que ocorrem diante de nós chega ao ponto de se fundir ou de se perder no limite. Bater com pedras, paus ou insultos era um destino certo para alguns daqueles que desempenhavam esses papéis odiosos. Passamos a fazer parte de uma tragédia que se expande a cada momento, em que tudo se mistura com tudo. Sentimos o cheiro de sangue e o cheiro de tendas queimadas e das mulheres enlutadas vestidas de negro cruel e dos cavalos que voltam da batalha sem cavaleiros. E surge, enchendo o universo, um dia de sede que só pode ser saciada pela morte.

Cenas que nunca desaparecem da memória: selas vazias e braços manchados de sangue e terra. E a visão do Al-Hussein, cheio de feridas, sendo morto, sozinho, sob um céu nublado. Não podemos esquecer essas cenas. Seus efeitos estavam sendo gravados em nossas consciências, mentes e corações jovens. Terminadas as cerimônias de Karbala, regressamos desapontados às nossas aldeias distantes, ao meio-dia, e nenhum de nós se atreve a comer, beber ou divertir-se nesse dia.

6

A alguma distância do nosso carro, logo à nossa esquerda, ficava o rio. A segunda fonte de alegria infantil. Aprendemos a nadar pelas mãos dos nossos pais, que estavam cheios de compaixão e medo. Ou vínhamos com eles esperar a atracação dos barcos vindos de Basra, carregados de tâmaras. Não consegui, e ainda não encontrei, outro doce que rivalizasse em doçura, nem na aparência, nem no sabor. O que mais me desperta o apetite é ver a casca da tâmara e o melaço escorrendo, brilhando, pelas laterais.

A cena da morte às vezes tem um lugar claro no curso deste rio. Sempre observei, quando estava com meu pai, naquela idade, como as pessoas ficam tristes na margem do rio, observando as ondas, ou andam com o movimento da água, esperando que um afogado flutue depois de beber, ao ponto da morte, da areia no fundo.

Minha primeira lenda

I

Desde que abri os olhos para a vida, naquela aldeia perdida na zona rural de Wasit, o cheiro do lodo enche o universo ao meu redor. E um pai que encheu minha infância de segurança.

Minha infância esteve ligada a um paradoxo que ainda tenho prazer em lembrar; e eram as primeiras coisas que minha memória absorveu: nossa cabana de barro, um exemplar do Alcorão Sagrado e um livro de súplicas religiosas, cujo título exato já não me lembro mais.

Meu pai era agricultor e sabia ler e escrever. Um fato muito simples, porém, raro naquela época e naquele ambiente rural remoto. Muito gentil e compassivo, mas também muito rigoroso:

> *Sem machado...*
> *Sem colher de ouro...*
> *Sem lança nas suas palmas...*
> *Sem adaga brilhante e nenhuma pistola...*
> *Nada mais puro do que as conotações de seu nome...*
> *Nada mais duro do que os calos em suas mãos...*

Ele era a personificação de todas essas contradições ao mesmo tempo. Desempenhou um papel essencial ao me ensinar a ler e escrever com meus três irmãos. E eu era, ao que parecia, o aprendiz mais rápido entre eles. Talvez tenha sido essa a razão da sua insistência para que eu memorizasse uma série de versos poéticos, além do que estava aprendendo no Alcorão Sagrado.

O que ele memorizou de poesia, de anedotas ou de palavras de seus ancestrais foi o fermento da minha primeira degustação. Ele é a minha primeira pequena lenda, tingida de muita estranheza e fora do comum. É muito raro, nessas aldeias rurais remotas e numa sociedade feudal muito cruel, encontrar um simples camponês que saiba a leitura e a escrita e outras coisas do mesmo mundo e que tenha um grande status junto do xeique que possuía aquelas vastas terras com tudo dentro e sobre elas: humanos, pedras e criaturas.

2

O grande xeique fez questão de confiar ao meu pai uma tarefa que não era fácil: ensinar o filho dele, que estava no auge da vida, e por isso este filho acompanhava o meu pai, como um aluno acompanha o seu professor. Ele aprendia com ele muito do vocabulário da vida, a gentileza no tratamento, a eloquência e a paciência diante da tolice. Ao contrário de seus irmãos de outra esposa, ele era amado e respeitado pelas pessoas.

No entanto, às vezes há algo que sopra contra o vento. Havia ódio rastejando. Os irmãos do jovem xeique ressentiram-se da sua estima. Eles eram conhecidos pelos aldeões por serem rudes e descorteses, porque talvez morassem longe do palácio do xeique, privados de sua nobreza e vida luxuosa.

Assim, meu pai recebeu bastante do ódio desses irmãos pelo irmão naquela noite cuja escuridão foi iluminada por um fio de sangue nobre e inesquecível. O meu pai e o jovem xeique estavam numa reunião do conselho para resolver uma disputa entre o xeique e os seus irmãos. Como se existisse uma intenção premeditada do que iria acontecer, houve uma súbita onda de raiva que espreitava num canto do conselho. As vozes aumentaram, a discussão tornou-se acalorada, corpos se acotovelaram, mãos entrelaçadas, e então uma vara ergueu-se no ar tenebroso, com uma ponta afiada de ferro, e pousou com força em seu alvo.

Meu pai sentiu naquele momento que uma fonte quente e dolorosa, bem no topo de sua cabeça, pulsava profundamente, desenvolvendo-se, naquela escuridão, em um fio quente e pulsante sob seu shemagh[7] azul escuro e suas roupas até o fim das suas costas, tingidas de dor abafada.

Ninguém, exceto ele, e o agressor, é claro, sabia o que aconteceu naquela noite. Ninguém ouviu um grito de alarme ou um gemido incontrolável. Graças à sabedoria de seu dono, o sangue permaneceu protegido e digno. Ninguém sentiu o cheiro e nem uma gota caiu no chão.

Para onde foi esse golpe então?

Assim pode ter se perguntado quem planejou o que aconteceu.

Minha mãe ficou apavorada quando meu pai pediu que ela preparasse um curativo rápido, enquanto ele tirava a roupa rapidamente. A ferida não era muito profunda, mas ele ainda respirava com dificuldade. Minha mãe cobriu a ferida com seu amor e as cinzas do pano queimado, depois seguiu o caminho da fonte e secou-a com outro pano.

Meu pai era muito presente: alto, casto e raramente zangado. Ele lia e escrevia, falava com firmeza e dificilmente ria alto. Ele descendia de uma linhagem particularmente respeitada entre os habitantes dessas áreas do centro e do sul do Iraque. Aprendi a ler e escrever com ele e me acostumei igualmente a dizer palavras bonitas como ele, às vezes.

Ainda me lembro que a nossa cota de leitura do Alcorão, da poesia, das histórias e anedotas duplica no mês do Ramadão e nos primeiros dias de Muharram. Durante estes dois momentos em particular, um dos homens religiosos vinha à aldeia, de Najaf, para comemorar algumas noites do Ramadão ou para ler nos dias de Ashura. Ele era amigo do meu pai e costumava ficar conosco a maior parte dos dias. Contudo, nós, meus irmãos e eu, não o achamos uma pessoa próxima das nossas almas; quantas vezes as suas lições e os seus traços taciturnos nos privaram de responder aos chamados da infância e de perseguir seus encantadores pássaros.

Muitas vezes, meu pai me levava com ele ao Diwan, que é o encontro dos camponeses, onde se reuniam para tomar café e

---

[7] Um lenço masculino utilizado para cobrir a cabeça, um hábito comum entre os homens árabes.

chá e dispersar a escuridão da noite com conversas. Ele me pedia para ler o que havia memorizado de poesia ou de versos do Alcorão, como se estivesse desenvolvendo em mim, consciente ou inconscientemente, o poder da memória e a capacidade de falar sem hesitação na frente dos outros.

3

Algumas das cabanas da nossa pequena aldeia começaram gradualmente a esvaziar-se dos seus residentes, após estes as terem deixado e ido à Bagdá, levando consigo a sua pobreza, os seus costumes e as suas canções melancólicas, e entre eles estavam alguns dos nossos parentes. Assim começou a conversa entre meu pai e minha mãe sobre a necessidade de me enviar para Bagdá para estudar lá. Bagdá era, para nós, um planeta remoto ou um mundo de *As mil e uma noites*. Minha mãe desempenhou um papel importante ao apresentar a ideia de estudar e convencer meu pai disso. Um dia, por insistência dela, ele decidiu me mandar para Bagdá com um amigo dele que morava lá e veio nos visitar no campo.

De manhã cedo, o ônibus de madeira veio balançando, pálido e lento, pela barragem de terra, passando pelas aldeias distantes uma da outra. Passamos a noite na cidade de Kut: a cidade abraçada pelo rio Tigre com muito carinho. Aquela noite, para mim, foi cheia de lágrimas, nostalgia e hesitação. Não imaginava o que estava enfrentando: numa cidade estranha, sem meus pais e longe dos meus irmãos. O homem percebeu que seria muito difícil para mim viajar assim com ele para Bagdá naquele estado. No dia seguinte, ele me levou ao estacionamento dos veículos que seguiam à tarde para as aldeias distantes. Entre eles, estava o único ônibus que ia e voltava da nossa aldeia todos os dias. O homem despediu-se de mim com tristeza e continuou seu caminho de volta para sua família em Bagdá.

Quando o carro se movimentou, me levando de volta à aldeia, tudo o que eu tinha comigo era uma tarde sombria, um sentimento de medo e um saquinho de laranjas que havia trazido de presente para minha mãe e meus irmãos.

Naquela noite de outono, meu pai me perguntou, enquanto estávamos reunidos perto da fogueira, o motivo de meu retorno repentino. Ele parecia, naquele momento, olhar para mim com uma tristeza imensa e sem fim. Não me lembro exatamente o que disse, mas o que me lembro bem é do punho de aço do meu pai envolvendo minha palma, até o pulso, naquela quentura ardente. A fumaça daquele fogão e o cheiro da minha mão queimada ainda emanam da minha memória até este momento.

4

Minha mãe acordou uma noite apavorada ao ver meu pai sangrando profusamente pelo nariz. Seu travesseiro estava encharcado com o cheiro de uma doença mortal. Esta cena se repetiu mais de uma vez, e uma vez suas hemorragias nasais foram graves, então tivemos que transportá-lo, no carro de seu amigo xeique Malik Al-Hajj Jassas, para a cidade de Kut. Lá, o médico nos contou que meu pai tinha pressão alta e, a partir daquele momento, a questão da nossa migração para Bagdá tornou-se mais séria do que nunca.

Em Bagdá, principalmente no primeiro ano, aprendi a alegria de me destacar nos estudos e também a amargura da perda. A morte do meu pai foi uma das maiores tristezas da minha vida. Nunca tinha testemunhado nada comparável à crueldade daquele momento até a morte da minha mãe, muitos anos depois.

Ele foi internado no hospital governamental em Bab Al-Muadham, popularmente conhecido como Majidiya, onde permaneceu por cerca de uma semana. Quando eu o visitava com minha mãe, ficava surpreso com a rapidez com que ele conhecia as pessoas. Uma rápida amizade, por exemplo, se desenvolveu entre ele e um outro paciente ao lado dele que trabalhava como professor e em cuja mesa de cabeceira empilhou uma coleção de livros e revistas egípcias, como Al-Musawwar e Akher Saa. O menino que eu era às vezes olhava para outro horizonte e às vezes ouvia algumas de suas conversas ou ficava ocupado folheando algumas revistas.

Assim, ficaram na sua memória nomes que brilhavam entre as grandes conversas que por vezes ouvia, as capas das revistas e as suas páginas coloridas: Gamal Abdel Nasser, Taha Hussein, Abbas Mahmoud Al-Aqqad, Amina Al-Saeed. E lembra que, talvez influenciado pelo que testemunhou e ouviu, quando ele e sua mãe saíram do hospital, comprou o primeiro jornal de sua vida, Al-Bilad, e acho que não foi muito além de ler suas grandes manchetes e olhar para as fotos atraentes.

Reunimo-nos à volta da cama do meu pai como pássaros assustados e o cheiro da morte dominava tudo: as nossas roupas, os nossos cadernos e as paredes da nossa casa de barro, onde vivíamos na zona de Al-Shaljiya, num subúrbio de Bagdá, que era lotado de gente vinda do sul. A morte foi se aproximando aos poucos de seu corpo magro e o enfraquecimento apareceu evidente em sua voz, que sempre foi conhecida por sua profundidade e força. Horas ou minutos antes de sua morte, ele disse algumas palavras à minha mãe, cujo significado só percebi quando cresci. Ele disse a ela para eu não abandonar a escola, por mais duras que fossem as circunstâncias que enfrentássemos. Então todo o universo ao meu redor se apagou. A morte era maior que a nossa casinha, mais do que podíamos suportar. Depois que a notícia se espalhou, os moradores daquele bairro simples da classe trabalhadora foram extremamente gentis e compassivos.

Quanta imaginação preciso para recordar a minha vida, neste momento, sem um pai como o meu? Quero dizer, entender que tudo tomará um rumo completamente diferente. Sua influência sobre mim era grande, apesar de seu falecimento precoce. Dediquei a ele minha primeira coleção de poesias e ele foi o foco de um dos poemas dessa coleção, o mais significativo para mim: *Meu pai e o tempo da água*. Sua voz profunda e a luz de seus olhos expressivos continuaram a se espalhar depois disso em muitos de meus poemas, escritos e conversas. A sua morte colocou-me, talvez subitamente, diante de uma experiência difícil: a orfandade e o afastamento, por um lado, e a transcendência acima das tentações da juventude e das suas fascinações irresistíveis, por outro.

5

Crescer numa família que vivia perto da pobreza decente e em contato estreito com ideais espirituais teve um grande impacto no meu comportamento futuro. Algo sempre me chamava a atenção enquanto eu brincava inocentemente com meus colegas: por que meu pai não carrega arma como alguns camponeses fazem? Não o vi, por exemplo, amarrando uma adaga na cintura, carregando uma pistola ou um rifle. Por que ele não nos deixa comprar outra égua em vez da nossa égua velha? Uma égua que seja saudável e próspera e que não sofra de envelhecimento ou úlcera nas costas?

Com o tempo, insinuou-se na minha consciência que quem afirma pertencer a uma família que as pessoas veneram, isto é, quem é um dos "cavalheiros", como os aldeões costumam chamá-los, encontra o seu prestígio não em portar uma arma ou em se gabar do que possui, mas sim em seu comportamento íntegro, como se a arma fosse a necessidade de alguém que invade os limites perigosos dos valores, usurpa os direitos dos outros ou ocupa uma posição para a qual não se qualifica nem pelo respeito dos outros.

O cavalheiro tinha uma aura no coração das pessoas simples. Um fio de magia misteriosa, que se estende até as primeiras fontes da santidade das origens e da eficácia dos mitos. Mantém o dono do bom nome protegido dos perigos do mal ou da destruição. Nem o ladrão, nem o assaltante, nem a cobra, nem os escorpiões da noite são capazes de lhe fazer mal. Estas famílias marcavam frequentemente os telhados das suas casas com bandeiras pretas como símbolo deste antigo respeito.

6

A morte de meu pai representou uma virada radical em toda uma vida, uma mudança quase completa em uma história de futilidade infantil e impulsos inocentes. Após sua morte, senti como se tivesse envelhecido de repente. Um menino sobe as colinas de seus dias para apressar uma velhice distante ou uma sabedoria cujo tempo ainda não chegou ou para afastar inúmeras loucuras. Após a morte de meu pai, fui atingido por um súbito esquecimento de muitas das alegrias que poderiam não o satisfazer: nada de travessuras infantis, nem de uma adolescência cheia de imprudências, e é isso que o poema *Arrepios* encarna intensamente:

> *Quando ele morreu...*
> *Não me encontrou triste, ao lado da sua cama...*
> *Eu era um velho de costas curvadas, diante de um túmulo...*
> *O frio de repente me mordeu e estremeceu*
> *o pulmão da terra. Será que tudo é somente*
> *órfãos e choro...?*
> *Esqueceu o seu calor a minha mão*
> *ou era o céu duro...?*

Meus colegas de escola sabiam muito bem da minha vontade de ficar sempre em primeiro lugar, então brigavam comigo, às vezes de forma muito agressiva.

Uma noite, três deles passaram por mim. Eles estavam em um momento de amargo descaso ou de sua vergonhosa expressão de lascívia juvenil e suas pressões. Quando fui até eles, estavam no carro com uma das garotas da noite, tinham certeza de que eu entendia perfeitamente o que eles estavam prestes a fazer naquela noite, então gritaram para irritar o amigo que estava sempre focado nos estudos e negligenciou esses prazeres noturnos: "Continue estudando... o importante é que você seja o primeiro da classe".

Não está longe dessa cena em significado, mas está longe dela na geografia do lugar, do tempo, da alma e do caminho de maturidade que encontrei um dia na universidade. Estávamos nos aproximando do final do ano letivo. Os detalhes desta etapa enchem-nos a alma com a sua presença retumbante. Um colega meu me convidou para estudar, o nível dele em alguns cursos era fraco. Ele era estudante nas províncias, residia em

Al-Waziriya, com dois amigos seus que estudavam em cursos de áreas científicas.

Pela manhã entrou uma mulher e, pelas batidas na porta, parecia que ela tinha um encontro marcado com esses três jovens. Ela era maior em idade, tamanho e necessidade daquele momento fugaz, apesar das diferenças de motivos e objetivos. Minutos depois, aquele colega e seus dois amigos vieram até mim oferecendo algo que consideravam ser uma exigência de generosidade ou de boa hospitalidade: que eu fosse o primeiro a me servir naquele banquete repugnante. Dois momentos que carecem de harmonia, na sua mais baixa comparação. Uma sensação de pequenez e vulgaridade e uma espera da festa com uma ansiedade avassaladora. Entre estes dois sentimentos, existe um corpo que espera, movido pela necessidade ou pela opressão, para submeter-se a essa parceria medíocre.

Três jovens, cada um esperando ansiosamente pela sua vez. Despojam o corpo daquela mulher da dignidade e despojam-se diante dele em busca de alguma ilusão que os faça esquecer uma realidade miserável ou um sonho difícil de realizar. A dona do corpo não fez objeções ao que estava sendo preparado para ela naquele momento. Depois que me recusei a aceitar o que me ofereceram, ela quis encerrar as tentativas de persuasão. Uma mulher que somente tem o seu corpo e a necessidade de se submeter àquele momento desumano. Ela me lembrava, enquanto preparava o corpo para a chegada, momentos depois, dos consumidores, que os exames da faculdade exigem uma clareza de espírito indispensável!

7

Assim me acompanhou, em muitas fases da minha vida, um sentimento semelhante ao medo de errar ou de imprudência, de vulgaridade ou humildade de alma. Este pai simples e sincero carregava muitos valores, como o horizonte das planícies e o seu ar livre de impureza. Sua presença permaneceu forte na alma e, como no poema *Ele lê algo sobre um amanhã que não chegou,* foi a base espiritual que abraçou muitos dos tormentos da alma e a linguagem sugerida em termos de contato com a vida e seus impulsos da minha infância até agora:

> *Ele sai da cabana, como se fosse a manhã*
> *Saindo de suas fendas luxuosas:*
> *Este é o melhor dos mensageiros órfãos*
> *E os deuses...*

O meu fascínio por aquele pai em particular e pela família em geral era quase exagerado. Estava prestes a empurrar-me para um ideal que está fora da vida ou longe da sua lógica realista, que deve ser cumprida com o mínimo de perdas morais possíveis. Sempre senti que muitas privações eram evitáveis, ou seja, não eram definitivas, mas o que duplicou o seu poder sobre mim foi talvez devido ao meu fascínio por vezes avassalador pelo meu pai. Lembrar dele me impedia eventualmente de lidar com as situações da vida de maneira confortável e flexível. Ainda me lembro de um incidente que pode ter sido passageiro, mas me dói até agora.

No início do meu trabalho no Ministério da Informação, quando eu tinha aproximadamente vinte e cinco anos, estava com um dos diretores-gerais do ministério a caminho da gráfica e ele era muito mais velho que eu. Ele saiu do carro e tirou do porta-malas um pneu que precisava de conserto. Ele começou a empurrar o pneu furado do local do carro para o borracheiro na esquina. Eu caminhava ao lado dele sem estender a mão para ajudá-lo ou fazer qualquer outra coisa. Sempre que eu estava prestes a fazê-lo, uma estranha imaginação me reprimia, trazendo-me de volta a imagem de meu pai me vendo lisonjeando o gerente geral ou fazendo algo que ele não aprovava para o menino que ensinou a ler e escrever e abster-se de fazer coisas que o deixassem desconfiado.

Uma onda de remorso me atinge sempre que me lembro deste incidente ou de outros semelhantes. Então sentia como me faltava o bom senso. Não levei em consideração o cargo desse homem, nem sua idade avançada. Parecia-me que, com esse comportamento, eu estava prejudicando muito a memória de meu pai ao imaginar, erroneamente, que estava fazendo o que lhe agradava.

Apesar de tudo isso, eu não era um anjo e também não estava isento de erros, mas não cometi um lapso que causaria um remorso genuíno ou uma consciência dolorida. Por outro lado, às vezes penso que a memória daquele pai gentil e duro se interpôs entre mim e uma quantidade necessária de malícia ou dos erros indispensáveis para dominar a arte da vida e seus truques. Não cometi alguns lapsos que às vezes podem ser considerados entre os direitos da juventude e suas exigências sedutoras. Assim, meus resultados não foram grandes em termos dos cuidados cruciais ou da quantidade de esperteza necessária que a vida exige:

> *Foi dito sobre ele: um menino que esquece os abusos...*
> *Foi dito: ele gosta de evitá-los.*
> *Foi dito: deprimido, extático, distraído,*
> *Como quem contempla uma roda d'água ou um corvo...*
> *Ele se lembraria de seus amigos e perdoaria seus erros.*
> *Então ele ri, depois libera todos os seus pássaros*
> *No nevoeiro...*

Onde ficam os ônibus vermelhos de dois andares

I

Eu havia precedido minha família em Bagdá há um ano quando voltei para acompanhá-los até lá depois que eles decidiram deixar aquela aldeia para sempre. Menino eu era, com uma memória habitada por histórias de avós veneráveis. Ainda me lembro, até este momento, daquela noite em que saímos da nossa aldeia, passando pela cidade de Kut e atravessando a sua única ponte estreita, construída no final dos anos trinta, penso eu, num único sentido. E quanto gostávamos da vista da água quando vínhamos a esta cidade, enquanto ela corria do lado direito da ponte, envolta em espuma branca e multidões de peixes cinzentos que lutavam violenta e brilhantemente contra a corrente.

Naquela noite, a escuridão tinha uma forma especial, densa e cheia de nostalgia e apreensão pungentes: saudade de uma aldeia de cuja lama e ar estou tentando extrair meu coraçãozinho, misturada com o choro das pessoas da aldeia e apreensão do que virá, quão palpável e visível aparecerá Bagdá, depois de ter nela vivido e convivido com ela, antes de vê-la num leito de sonhos e de imaginação exagerada?

Naquela noite, minha aldeia estava misturada com a noite e os choros de despedida, e nós, minha família e eu, estávamos tentando superar nossas misteriosas apreensões. Os aldeões estavam chorando por nós ou para nós? Que família é essa? Que chamado os faz atravessar esta grande noite em direção a uma cidade da qual nada sabem: uma cidade chamada Bagdá? Apertavam-nos as mãos com dedos doloridos e uma piedade sem limites, e Bagdá brilhava, através da minha pequena imaginação, ao longe, por trás da noite e das estrelas frias. Ela tinha, em minha mente, uma espécie de imagem, tecida por uma imaginação de conto de fadas, repleta de histórias de gênios e das surpresas de *As mil e uma noites* que se infiltravam em minha memória a partir do que minha mãe às vezes narrava. Bagdá, apesar de toda aquela mistura, pertencia a tudo que era luxuoso ou confuso.

Uma cidade que certamente não está na terra, mas sim em contato íntimo talvez com algum ponto do imaginário de cada um de nós e pensávamos que era uma cidade de sonho. Nenhum dos aldeões a viu ou falou com alguém que voltou dela. A maioria de nós imaginava que fosse um ponto entre a vida e a morte, uma parada no caminho para a cidade de Najaf. Onde os mortos disputam espaço e onde altos faróis orientam o ar com lágrimas, ouro e cheiro de ausência. Talvez o medo que os aldeões têm por nós decorra deste sentimento. Para eles, Bagdá era uma aproximação a outro mundo: misterioso e infinito, fruto proibido para um aldeão vindo do sul. Ele pode passar por ela no caminho para Najaf, onde o Imam Ali descansou, e não vê-la; os mortos do sul geralmente tinham de passar por Bagdá, levados para suas camas finais cobertas de lágrimas e terra. Essas ilusões foram criação de nossa infância e de nossas fantasias rosas.

O velho ônibus de madeira gemia no meio dos 180 km de noite que se estendia entre Kut e Bagdá e podíamos ouvir o carro batendo na escuridão, nos buracos e nos medos. Um carro e uma pequena família: uma família de sonhos e talvez de arrependimento. Para nós, Bagdá nada mais era do que uma luz misteriosa que se movia profundamente dentro de todos. Às vezes, dissipa nossos medos e arrependimentos, às vezes os desperta, mas às vezes reaviva nossos sonhos e expectativas: crianças indo à escola todos os dias, praças iluminadas, rádios, ruas pavimentadas, lindas casas com jardins verdes e pessoas de calças, meias e sapatos.

Quando entramos na área de Al-Madain, um subúrbio pobre de Bagdá, que se chamava Salman Beik, encontramos o amanhecer nos esperando com os pés descalços e as roupas rasgadas. Pela ponte Diyali, aquela ponte velha de uma pista estreita e coberta de palmeiras e de pobreza, atravessamos para Bagdá.

Parecia-me que o ônibus, com o seu ruído de madeira poeirenta, tinha se perdido no meio daquelas ruas Baghdadi[8] cheias de vida. A manhã começava a iluminar os pomares da cidade, espalhando-se pelas ruas e vielas úmidas onde havia vegetação e aroma fresco. Ficamos maravilhados naquela deliciosa manhã: grandes ônibus vermelhos de dois andares, brilhando sob o sol, e também ficamos espantados com a abundância de carros pequenos, cafés, restaurantes e torres altas. Havia becos estreitos e casas antigas em shanashil[9] que quase se abraçavam. Uma nova canção Baghdadi, de Reda Ali, cujo nome descobri mais tarde, era constantemente retransmitida nas rádios. O carro nos levou até a área de Al-Shaljiya em Al-Karkh, que é um bairro da classe trabalhadora, perto da mesquita Buratha. Do seu antigo cemitério, emanava um cheiro específico de tristeza e o murmúrio de uma separação iminente que um dia se abateria sobre esta família expatriada, em pouco tempo.

2

Fiquei fascinado por Bagdá e ao mesmo tempo magoado com ela. Ela me privou de meu pai no segundo ano de nossa chegada lá. Eu não estava muito interessado em saber muito sobre a história desta cidade. Para mim, foi uma sensação repleta de uma infância alegre e destruída. Meu conhecimento sobre ela era puramente superficial. Eu ainda não sabia que Abu Jaafar Al-Mansur foi quem a construiu no ano de 762. Embora eu ignorasse a razão pela qual ele escolheu Bagdá como sua capital, depois de Al-Hachemitas, eu sabia exatamente os motivos da nossa migração para esta cidade. Bagdá, naquela altura, era um sonho para milhares de aldeões vindos das aldeias do sul, em particular, para escapar aos seus dias de tormento nos quais há o feudalismo, a pobreza e o lamento, e foi – para nós e para outros – uma oportunidade para uma vida diferente.

---
8 Tudo aquilo que é originário ou relacionado a Bagdá.
9 Ou Shanasheel. É uma adição de madeira que se assemelha a varandas cobertas, sendo um dos marcos arquitetônicos importantes que refletem a identidade estética das cidades iraquianas, seus bairros, vielas antigas e casas.

Bagdá – nos anos 50 – não era uma cidade homogênea, mas incluía tempos e lugares contraditórios que brigavam entre si: os dois eternos rivais, a pobreza e a riqueza, se chocavam em uma proximidade nojenta. Al-Jawahiri captou esta dolorosa contradição quando disse no seu poema sobre Abu Al-Ala: *Mas, conscientemente, existe em mim uma filosofia que estipula que os céus são classificados em categorias.*

Novos bairros eram constantemente criados e Bagdá se expandia e fluía dia após dia: transbordando de vida e alimentando as expectativas das pessoas, cuja natureza eu desconhecia naquela idade. Seus bairros variam em modernidade e riqueza. Contêm, dentro da sua entidade única, ambientes sociais, culturais e psicológicos divergentes.

No meio das áreas modernas de Bagdá, há bairros lotados e habitados por imigrantes do sul: casas de barro agarradas umas às outras com medo de desabar, como nos Al-Shakiria, Al-Asimah e Al-Mankobin. As aldeias imigrantes destroem a homogeneidade da cidade, expondo a sua riqueza e a arrogância de alguns dos seus bairros:

> *Aquela infância era verde*
> *E verde mesmo nas dificuldades...*
> *Como carregamos nossas antigas aldeias?*
> *Nós as espalhamos nos subúrbios...*
> *Realizamos um sonho para ela...*
> *Lanternas pálidas e becos...*

Vivíamos no bairro de Al-Shaljiya, na zona de Al-Atifiyah, com o que restou dos valores da aldeia, onde o parentesco ou as primeiras amizades e o pertencer ao mesmo ambiente se aproximavam. Porém, se deixássemos esta área para espaços mais amplos, estes valores não permaneceriam como eram e/ou com a mesma importância, exceto por sua extensão nas veias dos pais e no humor das mães ou às vezes na miséria delas.

A minha mãe agia como se ainda estivesse sentindo o cheiro do ar da nossa aldeia distante, onde os aldeões registraram os seus costumes de expressar alegria e dor. Era hábito da minha mãe celebrar narrativas que penetraram a sua alma ao ponto da firmeza reverente: o elitismo da linha familiar, a sua herança do luto dos antepassados e o ódio pelos assassinos! Aquela boa mãe ainda não havia percebido que o seu estoque daqueles valores antigos estava prestes a acabar neste novo ambiente, exceto naquele dia inesquecível. Eu estava com minha mãe, voltando de uma visita a meu pai, que estava no Hospital Majidiya, em Bab Al-Muadham.

Estávamos no primeiro andar do ônibus vermelho alto, popularmente chamado de ônibus Al-Amana, em homenagem ao município de Bagdá. Estava lotado de tudo, de pessoas variadas que se misturavam, e eu estava com a minha mãe naquela multidão intensa e no início de uma tarde muito quente. Eu era um menino quase invisível na sua Abaya[10] cujo brilho do tecido se perdeu pela idade e pela poeira escaldante.

Uma mulher obesa e de um alto grau, ao que parece, de mau-caráter, além de sua feiura de aparência. Tudo nela indicava isso: duas bochechas rechonchudas envolvendo uma boca grande cheia de dentes dispostos de forma desorganizada. Ela abriu caminho no meio da multidão com uma força que não era desprovida de agressividade e aspereza e jogou seu corpo pesado em mim sem piedade. Minha mãe disse, com clara inocência rural, ao me ver contorcer-me sob aquele enorme cadáver: "O senhor está quase sufocando!". A palavra "senhor" pareceu estranha, talvez, para todos no ônibus, exceto, é claro, para minha mãe, que ainda carregava os costumes da aldeia de tratamento e reverência às linhagens ou o que ela via como tal. Ela disse essa palavra em um tom muito claro, tingida com uma certa humildade. Mas a mulher obesa não tomou a iniciativa de corrigir nada do que fez: não endireitou o corpo flácido, nem pediu desculpas pelo seu comportamento rude. Em vez disso, surpreendeu os passageiros do ônibus com um assobio alto que saiu de suas enormes entranhas como um bufar de cabra. Um movimento em que havia mais imoralidade e falta de educação do que um menino como eu, que não havia deixado seus anos de

---

10 Uma vestimenta árabe, semelhante a uma túnica longa; é ampla e possui versões tanto femininas quanto masculinas.

inocência, poderia suportar. E então, a partir daquele momento, algo se rompeu dentro de mim, antes de se desenvolver, entre mim e esse novo lugar. E esta separação aumentará depois que eu testemunhei o que os dias reservavam para meu pai.

3

Esses bairros mantiveram sua pobreza, suas canções e seus costumes rurais de vida, de casamento e de parentesco e forneceram movimento à vida da cidade e atenderam às suas necessidades crescentes de mão de obra barata. No entanto, um número significativo de escritores, poetas, artistas e políticos emergiu destes bairros populares, que mais tarde foram a espinha dorsal da vida cultural, política e poética em Bagdá. Mas estes bairros, por outro lado, conservaram muitos legados e costumes que tornaram a sua entrada numa nova vida lenta, atrasada ou talvez confusa. Permaneceram reservas fortificadas de afiliações tribais ou regionais ou de inclinações emocionais que não se alteraram. Estes bairros, tanto do lado de Karkh como de Rusafa, eram também áreas atrativas para imigrantes do sul ou do oeste do Iraque.

O líder Abdul Karim Qasim, que liderou a Revolução de 14 de Julho[11] no Iraque, é responsável pela distribuição gratuita de terrenos residenciais aos moradores desses bairros para construir casas modernas em duas novas cidades: Al-Thawra, no leste de Bagdá, e Al-Shaala, em seu oeste. Assim, os bairros onde humanos conviviam com a poeira e os mosquitos do pântano desapareceram completamente de Bagdá.

A dispersão dos novos bairros deixou lacunas de espaços verdes: plantações de alface, palmeiras e pomares de frutas que banhavam os dias de Bagdá e a secura dos céus com sua vegetação escura. Porém, a expansão insana da cidade e o entrelaçamento de seus braços asfálticos levaram ao desaparecimento

---

11 Em 14 de julho de 1958, o Iraque foi palco de um golpe de Estado conhecido como a Revolução de 14 de Julho. Esse evento marcou o fim da monarquia Hachemita, estabelecida por rei Faiçal I em 1932 com o apoio dos britânicos.

desses espaços, sendo eles substituídos – aos poucos – por casas novas. Quanto à habitação vertical, parecia que não convinha – – naquele período, pelo menos – ao gosto dos iraquianos, que tendiam para casas independentes, o que realçava ao máximo o seu apreço, na medida do possível, pela sua própria liberdade. A expansão urbana moderna continuou a espalhar-se rápida e imprudentemente, corroendo estas ilhas verdes e espremendo a sua pacífica frescura rural.

Na escola Al-Masoudi, perto de Karkh, o professor de geografia disse-nos um dia que o ano consiste em quatro estações e que a primavera é uma delas. Com o tempo, percebi que isso estava totalmente longe da verdade. Esta primavera era principalmente de papel e tinta: só a encontramos nos livros. Uma estação infernal que às vezes podia durar até seis meses, e eu tinha um anseio avassalador por uma verdadeira primavera em Bagdá, mas assim que essa doce estação se interpusesse entre nós, para logo ir embora, ou assim eu sentia, e de repente um céu de poeira e chamas desceria sobre nós, em cujas dobras poderíamos ouvir, ou quase, a voz do poeta abássida Mutih ibn Iyass repetindo por trás dos séculos: *Uma cidade que chovia poeira sobre as pessoas assim como o céu garoava...*

No verão, o humor iraquiano estará talvez no auge da sua agressividade. Não é uma coincidência que as revoluções e os golpes de estado dos iraquianos sejam, na sua maior parte, revoluções ou golpes de verão.

Bagdá começou a comer pouco a pouco suas partes tranquilas e a mordiscar seus subúrbios verdes. O próprio rio já não conseguia domar o ar da cidade, nem mitigar a sua brutalidade, estava rodeado de edifícios sombrios e já não tocava o coração das pessoas. Muitas partes deste rio eterno, que outrora transbordavam de vida, e já não são como eram. Em algumas partes, é o remanescente de um rio perdido. Suas extensas praias eram locais livres, abertos a todas as pessoas, para nadar ou se divertir em cabanas feitas de junco ou folhas de palmeira, e eram barulhentos e cheios de músicas de prazer e liberdade. Naquela época, o ar do rio era gratuito, comum e acessível a todos. Tinha as suas belas noites, que, mais tarde, perderam muitas das suas características e doçura devido às circunstâncias que aconteceram na cidade e em todo o país e que perturbaram os seus dias.

A rua Abu Nawas estendia-se ao longo da margem leste do Tigre, compartilhava bebidas com os bebedores e iluminava as suas noites. Noites de gentileza e palavras alegres. Os viveiros de peixes estavam espalhados pela rua: peixes vivos, brincando, elegantes e ativos, em seus tanques. Antes da meia-noite, a maior parte destes peixes terá sido grelhada da maneira Baghdadi deliciosa: o peixe é colocado em palitos em frente a um fogo puro e vivo até estar cozido. Este prato Baghdadi, o peixe coberto, ganhou fama especial não só entre os iraquianos, mas também entre os árabes e estrangeiros que visitavam Bagdá.

O verão se aproxima e a brisa noturna de Bagdá tem um sabor especial. A maioria das pessoas, especialmente nos bairros populares, sobe aos telhados das suas casas para dormir perto da brisa de Deus: uma noite doce e o céu debruça-se sobre elas, tocando com as suas estrelas frias os seus sonhos e lamentos. Nas cercas dos telhados e sob a noite profunda, a água esfria em potes de cerâmica. Assim, aquela brisa divina passa sobre o nosso sono, tornando-o tão suave quanto o sono dos anjos. Minha mãe odiava dormir sob o ar de radiadores modernos porque isso estragava o sabor do sono, como ela dizia. Sempre a ouvi falar sobre a diferença entre dois ares: o ar de Deus e o ar do governo.

4

Na década de 1950, Bagdá estava aberta em todos os lados. Não sei por qual porta ou direção entramos naquela madrugada de outono. Depois disso, conheci dois portões principais, ambos localizados no lado Rusafa: o Portão Leste e o Portão Grande. A porta leste representa o coração de Bagdá, repleto de barulho e vida. Perto, está uma estátua de Abdul Mohsen Al-Saadoun, um dos primeiros-ministros iraquianos durante a era real, que morreu por suicídio.

    Este local foi posteriormente distinguido pelo enorme Monumento da Liberdade do grande artista Jawad Salim, que é um enorme mural que imortalizou a luta dos iraquianos pela sua liberdade. Quanto ao Portão Grande, foi também um centro muito importante. A maioria das faculdades da Universidade de Bagdá e da Universidade Al-Mustansiriya está localizada perto dele. Ali fica o Ministério da Defesa, o Salão Rei Faisal II, famoso na época por suas apresentações musicais de alto padrão, e a área de Al-Midan, que por muito tempo foi local licenciado para a prática da vida noturna, onde mulheres profissionais trabalham, vendendo prazer para jovens à procura ou para aqueles que não têm sucesso em suas vidas sociais e amorosas.

PARTE 2

No momento em que descobri que o poema é uma criação humana

I

No meu primeiro dia de escola, fui atingido por uma mistura de emoções. Fui aceito na terceira série logo no início, pois meu pai havia me ensinado a ler e a escrever na aldeia, meus três irmãos e eu. A primeira aula era da língua árabe e fiquei extremamente feliz. Porém, esse sentimento não durou muito e virou de cabeça para baixo na aula seguinte. Como eu não sabia nada de cálculo, o professor de matemática me devolveu, depois de cerca de uma hora, à segunda série como uma solução intermediária, de acordo com o diretor da escola.

Depois de uma ou duas semanas, tive um dia estranho. Foi uma manhã de outono inesquecível, algo despertou em mim medo e excitação. No céu frio havia apenas as primeiras nuvens de outono e uma única confusão misteriosa enchia o coração. Naquele dia, pela primeira vez, me deparei com uma questão problemática relacionada à poesia. Não entendi tanto quanto senti, era mais confusão e mistério do que consciência ou ideia.

Tudo parecia novo para mim naquele dia. Eu tentava, tanto quanto podia, libertar-me da atmosfera da minha aldeia distante, que ainda estava viva e agarrada à minha memória. Tive que esquecer um rio de cantos de mães que me ligava àquele solo íntimo e enfraquecia a minha capacidade de adaptação aos becos da cidade, ao barulho das suas crianças e dos seus cafés. Assim que o sinal da escola tocou, chamando-nos para a organização da entrada matinal, fui tomado por uma sensação confusa de que estava adentrando, um momento após o outro, em um mundo que era completamente novo para mim.

Curiosidade, admiração e uma espécie de arrepio tomam conta de todos nós, dos alunos e das paredes. O outono crescendo no pátio da escola, a primeira onda de frio está perto de nós e as nuvens estão gradualmente se acumulando acima. E tudo estava me colocando, naquele dia, diante de um Eu tentando escalar espaços em branco para olhar os preparativos ou as primeiras questões por trás deles.

2

Parece-me que muitos de nós somos assombrados, consciente ou inconscientemente, por esta percepção da poesia e das suas origens. Pessoalmente, eu carregava, e ainda carrego, ecos daquele sino nebuloso que um dia tocou em minha alma, despertando-me para uma realidade mais próxima de uma ilusão ou até da própria ilusão com toda a sua intensidade e impossibilidade. Sempre imaginei que a poesia não fosse escrita por humanos. Porém, algo aconteceu naquele distante momento de outono: foi abalada a ligação entre poesia, sonho e mito ou entre ela e a loucura ou os deuses.

Nós, árabes, não fomos os únicos a distanciar a poesia do mundo das pessoas comuns. Outros povos fizeram a mesma coisa: separaram a poesia das pessoas e a consideraram um discurso privado e etéreo. Tal discurso não é produto de pessoas simples, nem será uma manifestação de seu cotidiano. A poesia, como diz Aristóteles, é fruto do talento ou uma forma de loucura.

O poeta não é um ser humano comum, como a cultura e a imaginação das pessoas o consideraram desde os tempos antigos, mas sim um ser especial cuja peculiaridade o qualifica para ser uma fonte de discurso muito distinta. Ele a recebe primeiro através do que costumávamos chamar de "inspiração poética" e, depois disso, ele a recita aos ouvidos das pessoas e à vista de seus corações assustados ou alegres. A poesia e o poeta, portanto, são ambos especiais porque estão associados à graça da imaginação e presente dos deuses.

3

Quando nós nos empurramos, cada um estava tentando encontrar um lugar para si naquela fila matinal, e nenhum de nós tinha ideia de como seria esse dia: estávamos fazendo, com nossos corpos, paredes de corações confusos e compactos e cada um de nós ouvia o coração do amigo e quase sentia o cheiro dos seus pequenos medos.

O barulho se acalmou repentinamente quando um dos alunos das turmas avançadas foi chamado para ler um poema diante dos colegas: um murmúrio misterioso passou entre os corações e as árvores da praça. O poema era de um dos professores da escola da época, ele estava de olho naquela barulhenta fila matinal e não sei naquele momento se ele estava exibido com a sua bengala ou com o seu poema.

O aluno leu para nós um poema cujo título era *Primavera* e ainda me lembro do nome do poeta, Khattab Salman Al-Obaidi. Foi uma surpresa chocante para mim quando soube, pelos cochichos dos alunos, que se tratava de uma poesia de um dos professores da escola e que era monitor do pátio naquela reunião matinal da qual eu fazia parte. Tive uma sensação estranha: como esse homem, um professor, que é de carne e osso como nós, poderia dizer algo assim? A poesia pode ser as palavras de uma pessoa comum que se parece com outras? Um poeta é obrigado a ser professor? O poeta é semelhante a outras pessoas? Eu costumava pensar que o poeta era um ser etéreo a quem não se podia tocar nem falar.

Antes daquela manhã, os poucos versos poéticos que eu tinha memorizado ou ouvido falar do meu pai não eram atribuídos a um orador específico, por isso a poesia, para um rapaz como eu, era como o ar da aldeia e dos seus pastos, como a chuva ou a palha molhada ou o cheiro do rio que soprava sobre nós por trás da barragem.

Meu pai tinha um amigo Najafi de turbante que vinha à nossa aldeia uma vez por ano e era nosso convidado. Fazia as pessoas chorarem pela Ashura e ajudava meu pai a nos ensinar a ler e escrever ou às vezes ditava versos de poesia para nós. Entre as poesias da época que memorizei, estava a que circulava em fontes antigas, como os livros *Al-Tarf*,[12] *Anedotas* e *As mil e uma noites*:

> *A morte pode ser vendida, então compre-a. Esta vida é inútil*
> *Se o governante tiver misericórdia de um coração livre, daria a lealdade ao seu irmão*

Eu tinha memorizado estes dois versículos, sem conhecer, deles ou de outros, os autores: naquela fila, aprendi o que não sabia e o que não havia perguntado ao meu pai ou ao xeique Najafi: que a poesia é obra dos humanos e que as pessoas são capazes de dizê-la, assim como o fez o professor Khattab Al-Obaidi. Fiquei olhando para aquele professor, maravilhado, para além de suas características físicas perceptíveis. Só então senti um pequeno sonho me assombrando: ser poeta, e talvez também sonhei que os alunos, num dia frio, leriam um dos meus poemas numa programação matinal como esta.

Não entendi muito do poema do professor Khattab Al-Obaidi, o rei do alinhamento naquele momento; fui subitamente tomado por um espanto avassalador, arrancando-me do meio dos corpos pequenos e compactos, como se o ar cósmico tivesse me fundido nas suas dobras e me espalhado entre os seus pássaros e as pedras das suas estradas. Algo difícil de definir: uma nuvem ou uma música ou um pássaro mítico que me segurava pelo coração palpitante e voava alto para contemplar aquele mundo de uma varanda remota como os mitos que não pode ser alcançada pelos humanos ou ser vista pelos seus olhos.

---

12 São compilações que reúnem os hadiths (conversas do Profeta Maomé) de um ou mais livros, organizando-os conforme a contagem dos Companheiros do Profeta Maomé. Em seguida, mencionam uma parte do texto do hadith que se refere ao restante do que foi dito.

4

Antes daquele momento, não acreditava que fosse possível ver com os meus próprios olhos um poeta caminhando fora da minha imaginação, ou seja, no chão e entre as pessoas. Não pensei que poesia pudesse ser feita por humanos comuns. Pelo contrário, era uma bênção da imaginação: o suspiro de um profeta perseguido, o murmúrio de um deus antigo ou palavras refinadas intocadas pelos seres humanos. De repente, chove sobre nós como uma garoa resultante da colisão de duas nuvens suaves. Achava que era algo mais bonito e primoroso do que um ser humano poderia fazer, um ser como nós, que come, bebe, boceja e calunia os outros. O poema só brilha de um coração cheio de pura alegria ou de generosa tristeza, enquanto os insultos só vêm de uma emboscada ou de uma caverna.

E durante toda aquela fila matinal, estive quase ausente de mim mesmo. Todo o espaço da escola estava repleto de um perfume especial: campos cujas selvas foram varridas por uma chuva repentina e galhos de árvores repletos de pássaros alegres vindos de todas as direções. No meio de tudo isto, esperava um dia ver-me como o foco de uma cena matinal como esta, em que o cheiro da manhã enche a minha alma enquanto eu piso entre os alunos, orgulhoso da minha bengala e do meu poema.

Logo após este acontecimento matinal, fiquei surpreso novamente. O professor Khattab Al-Obaidi veio até nós para uma aula de árabe. Eu estava focado em observar sua aparência, suas roupas elegantes, seu penteado característico e seus movimentos dentro da sala de aula. Também prestei muita atenção em outros detalhes: a maneira como ele segurava o giz, o tom de sua voz quando perguntava aos alunos ou o sorriso encorajador para um deles quando respondia a uma de suas perguntas. Esse interesse atingiu o auge quando ele ficou ao meu lado, apoiado na cadeira em que eu estava sentado.

5

Depois daquela manhã, fiquei fascinado com cada outono que chegava. Como se trouxesse algo que me tirasse da rotina dos meus dias. Com o inverno e seus dias moderados, tenho algo que me dá esperança de que um dia serei alguma coisa. Não me refiro a emprego, dinheiro ou morar em uma casa onde não vaze água. Mas que eu seja capaz de inventar, talvez como meu pai, palavras que atraiam a atenção.

Lembro-me em particular das primeiras horas da manhã dos dias de outono e os dias amenos do inverno. Nestes períodos, no intervalo das aulas, cada um de nós tinha a sua cota de frutas, variando entre banana, maçã ou laranja e uma xícara de leite quente. Além de um salgado recheado com ovos, queijo ou grão-de-bico cozido. Esta era a parte mais alegre e brilhante do dia. O sol desce de seu lugar próximo, movendo-se entre nossos pés como uma bola quente, enchendo nossas xícaras de luz e nossos corpos de calor, de modo que nosso barulho e futilidade se tornam mais iluminados. Isso era intercalado com pausas e interrupções, durante as quais o professor às vezes nos dava a oportunidade de falar sobre uma ideia, uma cena, uma memória ou um tema. Talvez eu tenha sido o aluno mais envolvido em falar sobre o que memorizei ou lembrei ou talvez inventei. Antes que o sol retorne à sua posição elevada, o intervalo alimentar termina e todos voltamos às nossas salas.

O cheiro dos primeiros livros

I

Nos nossos primeiros anos, procuramos abraçar o mundo com um apetite voraz, aspirando experimentar tudo o que encontramos. Concentramos nossos sentidos com extrema ternura às vezes ou com crueldade indiferente em outras ocasiões: uma borboleta brilhando sobre uma pedra, um livro com a capa rasgada, a imagem de um objeto qualquer, um recorte de um jornal descartado. A partir daí, talvez, desenvolveu-se em muitos de nós uma conexão com este mundo maravilhoso: o livro.

Nossos vizinhos tinham uma linda casa de dois andares. Perto da cerca externa, eles possuíam um contêiner onde jogavam lixo, utensílios vazios e tudo o que sobrava da necessidade deles, como jornais e revistas. Neste local, encontrei exemplares da revista Al-Hilal e um livro de poesia, que é o primeiro livro da minha vida, acredito. Seu título era particularmente atraente para quem tinha a minha idade: *Noah e Taghreed*, de um poeta chamado Abdel-Sahib Shukr Al-Badrawi. Anos mais tarde, descobri que ele era o pai do falecido locutor de televisão Rushdi Abdel-Saheb.

Havia uma linha tênue, como o ar, correndo entre mim e o conhecimento simples que eu estava tentando possuir, frouxa ou estendida, subia ou descia, inocente ou às vezes tingida de caprichos. Talvez eu tenha pegado um pedaço desta linha no caminho de volta da escola uma vez, pois naquela época eu estava no final do ensino fundamental. Um barril, ao lado de uma casa alta, cheio de algumas revistas de arte jogadas fora com aparente descaso ou de livros que aparentemente não estavam em boas condições...

Muitas vezes, na nossa juventude, acontece esse encontro perigoso com o livro e somos lançados em seu mundo com a obsessão e a intensidade daquela idade. Nosso ímpeto pode ser, se tivermos sorte, um sinal de carinho de um pai, um professor ou um amigo, evitando assim as emboscadas ou armadilhas dessa experiência que a nossa simples e pouca vivência não nos qualifica para reconhecer. Quando essa orientação não está disponível, podemos nos lançar de uma só vez numa selva misturada com flores e cobras em sua escuridão.

2

O primeiro livro, ou geralmente os primeiros livros, tem uma estranha capacidade de recordar tempos perdidos. Você pode não lembrar o período em que adquiriu este ou aquele livro, mas se lembra do local, na maioria das vezes. O senso do tempo e o cheiro do lugar invadem os seus dias atuais.

Todos nos lembramos de detalhes espaciais ou temporais relacionados com um dos nossos primeiros livros, aquela tarde escaldante ou aquela noite nublada, o livreiro e o vendedor de jornais dormindo na calçada ou a livraria cheia de uma rua que exala cheiro de papel, de ideias e de imaginação. Mesmo quando envelhecemos e encontramos uma nova edição de um livro, a edição antiga continua sendo a mais querida e doce para nós, pois foi uma das testemunhas que viu nossos corpos crescerem, nossas mentes florescerem e nossas memórias receberem a luz, um raio após o outro.

O primeiro livro, então, não é um maço de papel, nem uma capa brilhante. Não é apenas páginas de tinta, de pensamentos ou de lamentos, mas um ser vivo que testemunhou comigo minha primeira juventude e também meus primeiros passos em falso, carregando alguns dos danos que meus dedos apressados ou minha caneta em sua ânsia confusa infligiram em suas páginas. Até este momento, ainda me lembro talvez de alguns parágrafos dele e às vezes quase consigo lembrar talvez a localização de algumas frases.

Os livros foram uma fonte alegre de conhecimento inesquecível para mim. Mas às vezes podem tornar-se a causa de tormento diário insuportável. Quando os dias estão repletos de trabalho, compromissos e preocupações, os livros podem me empurrar para a terra firme: longe da água dos livros e dos apelos da tinta, para longe dos sonhos do passado ou das expectativas de quem se dirige para o futuro:

> *Aquela canção de papel empoeirado*
> *Você sente o cheiro de suas flores enquanto ela o conduz?*
> *Para o quarto? Para seus amores negligenciados?*
> *E você conta seus sonhos, seus desertos ou seus livros?*
> *Ele observava os seus dias e todas as suas ocupações...*
> *Contemplava os seus queridos, os sinceros que estão largados*
> *E conta: um livro, dois, quatro...*
> *Então ele sai escapulindo dentre eles:*
> *Com vontade e triste.*

3

Quanto mais tempo eu ficava longe daqueles livros, dos meus amores negligenciados, mais me sentia sufocado e solitário e comecei a ouvir, com uma dor insuportável, minhas profundezas enquanto elas procuravam um cheiro mais puro e mais bonito: o cheiro de livros. Quão grande é o nosso sentimento de perda quando não encontramos tempo para ler um livro que nos cansou, e cansou outros, até adquiri-lo. Quão profundo é o nosso sentimento de solidão quando ouvimos os gemidos dos nossos queridos esquecidos, sem procurar salvá--los do seu pó desolado, sem convidá-los de volta aos nossos corações e mentes, como costumávamos fazer na nossa juventude ou nos primeiros anos.

Não há dúvida de que cada etapa tem suas virtudes e também suas desvantagens. Em nosso estágio atual, cada um de nós se encontra se afogando em um mar agitado de tudo o que há de novo no mundo dos livros e em sua indústria. Como então uma pessoa que está se afogando pode apreciar a vista do mar?

Ainda me lembro de uma frase de um escritor francês que estabeleceu uma regra de ouro que nos orienta para os livros que realmente valem a pena ler: não leia os bons livros, leia apenas os melhores. Assim, encontramo-nos perdidos num mundo cheio de bons livros, que este escritor não nos aconselha a ler, mas sim a ler o que é melhor do que eles. Quantos sonhos temos e quão estreita és tu, ó vida!

O cheiro de um livro costuma estar associado a fogo, sangue e água. Abu Hayyan Al-Tawhidi não queimou seus livros? Al-Jahiz não morreu enterrado sob sua biblioteca depois que as prateleiras desabaram sobre ele? A água do Tigre não ficou cheia de livros e pessoas mortas depois que os invasores entraram em Bagdá e destruíram seus muros e sonhos, pedra por pedra, sonho por sonho?

Há muitos pássaros dos quais me lembro até agora, batendo com suas asas leves o amplo ar que não conseguiam antes penetrar ou chafurdar. Foi assim que começou a nossa relação de folhear ou de ler os primeiros livros. Podemos não conseguir lembrar de um livro específico que represente o primeiro que realmente lemos ou folheamos e olhamos.

Às vezes, acontecia de eu encontrar um livro ou uma revista ao lado de uma casa luxuosa. Os proprietários não encontravam nessas publicações nada que os motivasse a mantê-las ou a sua ligação à leitura não ia além do folhear casual ou da visualização de imagens, cores ou títulos neles.

No entanto, esta coincidência e outras semelhantes conduziram-nos para a floresta, isto é, para a sua escuridão pura e orvalhada. À medida que envelhecemos, a maioria de nós desenvolve asas invisíveis ou uma faculdade especial. Quero dizer a capacidade de saborear o que lemos. Neste caso, a leitura torna-se um aroma ou sabor perfumado que a indica e a tinta revela uma tentação irresistível e apelos inesquecíveis. E assim comecei a ouvir com grande prazer o murmúrio de um livro reclamando na calçada de um sebo ou na estante de uma biblioteca pública.

4

Eu sempre ia cedo para a escola da nossa casa que ficava em um dos becos perto da Área 52 no lado Rusafa de Bagdá. Esta área moderna era habitada por muitos artistas, professores universitários e escritores abastados. Tive uma sensação especial quando li os nomes daqueles professores e escritores nas entradas de suas luxuosas casas e depois os vi, mais tarde, às vezes nas capas de nossos livros escolares. A minha experiência com o primeiro livro ou primeiros livros ainda está viva na minha memória, com uma presença que não está isenta de sofrimento que se repetia todas as semanas, pois ia para a escola muito cedo, literalmente de madrugada...

As calçadas, especialmente no inverno, eram banhadas por uma luz fria e escassa e havia um pequeno sol vindo ao longe. Quando eu estava indo para minha escola na área de Al-Batawin, perto do rio Tigre, dois fenômenos me atraíram ao local: aquela adorável mistura de raças, etnias e dialetos iraquianos diversos e um grande quiosque que vendia jornais e revistas. Eu costumava comprar, todas as semanas, às quintas-feiras de manhã, uma seção nova de trinta e duas páginas de um livro histórico maravilhoso: *A abstração do livro das canções*,[13] de Al-Hamawi, que é uma edição recortada e acelerada do *Livro das canções*, de Abu Al-Faraj Al-Isfahani, que foi revisado por um grupo de grandes escritores egípcios, sob a supervisão do Dr. Taha Hussein.[14]

Havia uma festa semanal que só me pertencia: uma nova seção do *Livro das canções*, que me esperava no vendedor de jornais e revistas. Trinta e duas páginas que eu abraçava ao entrar na escola na manhã de quinta-feira, orgulhoso na frente dos meus colegas. O livro foi editado com elegância e extrema precisão. Sempre que eu terminava um novo volume deste li-

---

13 O livro original em árabe (تجريد كتاب الأغاني - للحموي) não foi traduzido para o português; o nome no texto é uma tradução nossa.
14 Taha Hussein (1889-1973) foi um dos escritores e intelectuais egípcios mais influentes do século XX, desempenhando um papel importante na Renascença e no movimento modernista no mundo árabe. Ele foi indicado ao Prêmio Nobel de Literatura vinte e uma vezes.

vro, eu o levava à rua Al-Mutanabbi para encaderná-lo. Assim, era o brilho de ficar acordado até tarde e a ansiedade interminável enquanto esperava pelo meu banquete semanal especial até completar os seus cinco volumes.

5

A escada da leitura me guiava como queria, de forma livre, aleatória e sem qualquer ordem significativa. Depois, ocorreu uma transição que se aproximava mais de uma mutação, que me tomou com uma ternura avassaladora e não isenta de muito caos, quando foi publicado o livro *Poesia e experiência*, do poeta e crítico americano Archibald MacLeish. Com linguagem extremamente rica e bela, a tradução da poetisa Salma Al-Khadraa Al-Jayousi eleva-se a um espaço em que caem as fronteiras entre poesia, crítica e tradução. Eu estava lendo palavras que levavam à surpresa e à confusão. Como este livro conseguiu reduzir a sua lógica e o seu rigor em favor do sonho e da sua bela imprudência?

"Se uma pessoa quer caçar um leão, a primeira coisa que deve fazer é assumir a presença de um leão, por ter ouvido um rugido à noite, sabido de um ataque a uma criança ou um touro, visto enormes pegadas no caminho por onde as mulheres andam ou sentido o cheiro de carne velha sob os arbustos espinhosos quando os velhos experientes tenham confirmado a tal presença após uma contemplação."

Assim, desde as primeiras linhas, este livro único, publicado em árabe no início dos anos 60, leva-me numa viagem pelas técnicas de espantosa astúcia poética, entre palavras simbólicas, palavras sonoras, metáfora e expressão evasiva, e depois passa para poetas específicos, cada um com seu tom e comportamento: Emily Dickinson, Yeats, Rimbaud, Keats. Talvez a partir deste livro minha sensação do cheiro de palavras e a audição de seu farfalhar especial se tornem mais claros. Então comecei a tentar sentir as diferenças entre estilos e tons tão bem quanto um jovem da minha idade poderia.

Não muito longe desta estranha linguagem, Roger Garaudy ataca os sólidos castelos de pedra com uma chama de consciência diferente nas mãos e, por meio do seu livro, *Um realismo sem fronteiras*, de 1968, revive a vitalidade e a flexibilidade em muitos dos pressupostos. Depois deste livro, não é mais surpreendente para mim e para as pessoas da minha geração ver a poesia de Saint-John Perse, os desenhos de Picasso e os romances de Kafka entrando no laboratório da crítica e seus processos para revelar suas implicações simbólicas e seus gestos psicológicos de amplo alcance. Reconecta as estruturas criativas com as suas funções sociais e psicológicas depois de terem permanecido, devido à estreiteza de espírito, longe dessas funções por longos períodos.

6

Depois de terminar meu trabalho na Universidade dos Emirados Árabes Unidos, enfrentei momentos mais críticos: os livros estavam nas prateleiras, esperando por um destino desconhecido. Como sofreu a alma por um herdeiro digno dela: nas suas mãos encontra a sua dignidade e recupera a sua juventude nos seus lábios, enquanto ele eleva algumas das suas passagens ao nível da oração ou da súplica. Minhas filhas, Wissal e Khayal, eram muito fascinadas pela poesia e, não fossem pelas circunstâncias complicadas, desejavam herdar minha biblioteca. Quem impedirá que os livros cheguem à sua inevitável velhice?

> *Quando o outono estava me preparando*
> *Para a sua amizade, eu disse a ele:*
> *Eis que elas vêm com as nuvens carregadas...*
> *Salve seus presentes,*
> *Ambas espalharão as suas mãos sobre meus livros*
> *Ou sobre minha próxima saudade*
> *Foi o que eu disse a ele...*

No entanto, o outono continuou a correr pelas veias da minha biblioteca, mastigando constantemente a tinta e as folhas. Nem os livros ficam confortavelmente na estante, nem a distância entre mim e Bagdá diminui. Quanto a Wissal e Khayal, elas tiveram as suas parcelas de diáspora e também do afastamento dos livros. A especialização de cada uma delas tomou um rumo diferente, pois a tradução e o ensino de inglês as levaram longe do árabe.

Assim, chegar a este ponto foi o início da doação da maior parte dos meus livros a muitas universidades, a primeira das quais foi, claro, a Universidade dos Emirados Árabes Unidos. A maior parte foi para a biblioteca da Universidade de Mossul, em Bagdá, que foi alvo do vandalismo que fez parte de uma devastação abrangente que se espalhou por toda a cidade.

7

A minha biblioteca testemunhou muitas guerras e inúmeros cercos e já não é uma comunidade como era no passado. Assim como um povo inteiro foi distribuído em campos de exílio e de refugiados na sua terra natal e longe dela, os meus livros foram distribuídos por várias cidades: Bagdá, Sanaa, Al-Ain, Amã e, finalmente, Bolu, a cidade turca. Apesar de tudo isso, as primeiras edições de livros como *Poesia e experiência, Um realismo sem fronteiras e A abstração do livro das canções,* de Al-Hamawi, e outros ainda aguardam meu retorno a Bagdá, sem sucesso.

O caos dos inícios

1

"Espero que você seja da tribo das canetas."
Uma frase que o professor de árabe escreveu, uma manhã, no caderno de redação e depois desapareceu com os dias repletos do barulho da política e de suas brigas amargas, sem saber o que aquela frase havia feito comigo. Eu estava na Escola Primária Al-Washash. Minha excelência no estudo da língua árabe não era segredo para ninguém e meus cadernos estavam sempre cheios de elogios dos professores dessa disciplina.

Ainda imagino aquele professor, e pelo que me lembro seu nome era Malik, que deixou um espaço inesquecível de alegria no caderno de redação. Eu estava na quinta série do ensino fundamental na época. Anos depois, o encontrei por acaso. Ele havia envelhecido muito enquanto eu estava no auge da juventude. Na época, eu trabalhava como editor-chefe da revista Al-Aqlam. Tentei, brincando, lembrá-lo de sua antiga profecia. É claro que ele não se lembrava tanto quanto eu, mas sorriu gentilmente, feliz com o que um aluno que já havia sido um dos seus proeminentes havia alcançado.

Desde que abri minha mente para a leitura, eu era ansioso para aprender o que minha idade permitia sobre poesia e literatura em particular. Não escrevi poesia moderna desde o início; meu caminho para escrevê-la passou por outras estações poéticas. Na sexta série do ensino fundamental, comecei a escrever no dialeto coloquial.[15] Lembro-me de algumas das minhas tentativas que foram transmitidas num programa de rádio apresentado por um poeta famoso da época, chamado Zahid Muhammad. Devido às terríveis oscilações políticas, foi

---

15 A língua árabe é oficial em 22 países árabes. As variações da língua incluem o árabe clássico padrão, o árabe moderno (que é a língua oficial atualmente) e o dialeto falado ou língua coloquial. Cada país árabe possui um dialeto falado ou língua coloquial específicos, podendo apresentar variações mesmo dentro do mesmo país.

demitido da rádio e substituído por outro poeta que escreve poesia em linguagem clássica e coloquial, chamado Salem Khalis, apelidado de "Abu Dhari", e que é irmão do Dr. Salah Khalis. É uma estranha coincidência que este Salem Khalis fosse diretor da Escola Primária Ibn Kathir, onde eu era estudante, e tivesse sido o autor de uma série de belas canções que foram compostas e cantadas pelo grande artista Abbas Jameel.

No final da escola primária, como qualquer adolescente daquela idade turbulenta, fui atormentado pelo caos de inícios perigosos em muitos interesses. Sempre há uma vaga sensação de que sou capaz de realizar tudo: desenho, poesia, contos, esportes e letra de música. Talvez esse sentimento tenha sido alimentado pela minha constante excelência nos estudos. Uma das coisas mais engraçadas que ficam na minha memória, naquela idade cheia de ilusões, é que escrevi várias letras de músicas sem perceber certamente o seu nível artístico.

Morávamos em uma rua modesta localizada perto da Área 52. Éramos parte dela e ao mesmo tempo estranhos. Uníamos-nos a ela por uma vizinhança geográfica perturbadora. Conjunto de casas simples num terreno desprovido de construções grandes. Quanto à classe, não podíamos pertencer a ela. Estávamos unidos pela poeira do dia com seus moradores e muitas coisas nos separavam deles: as noites especiais, as roupas elegantes, os carros reluzentes e as rosas pousadas nas cercas. Foi uma das áreas nobres de Bagdá, nas décadas de 50 e 60.

Muitos de seus residentes eram médicos, engenheiros, artistas e professores universitários. Entre os moradores deste bairro nobre, estão o grande compositor Wadih Khawanda e sua esposa, a cantora Maeda Nozhat, e outra cantora famosa também morava na mesma rua. Eu passava todos os dias por aquela rua luxuosa a caminho da escola: como se fosse uma planta espinhosa tentando abrir caminho através de um bloco de alabastro ou de rubi.

Um dia, vi o artista Wadih Khawanda, conhecido pelo seu nome artístico Samir Baghdadi. Ele estava no jardim de sua casa, pulverizando as plantas como sempre e adicionando um pouco de sua elegância habitual ao ar. Apertei a campainha sem hesitar, como se tivesse um encontro marcado com ele. Cumprimentei-o e disse-lhe, com uma ousadia que poderia tê-lo irritado, que tinha uma letra de música e esperava que ele a compusesse para a Maeda Nazhat. Antes de responder ao meu desejo confuso, ele olhou para os livros que eu segurava e depois me perguntou com sua voz melodiosa: em que turma você está? Quando lhe contei que estava na sexta série do ensino fundamental, ele disse num tom misto de conselho e repreensão educada: meu filho, volte sua atenção para os estudos, é melhor, e você deve ter provas nessa época!

Depois de muitos anos de esquecimento, um dia lembrei deste incidente numa entrevista realizada comigo pelo contador de histórias Abdul Sattar Al-Baydani, publicada pela revista Alif Baa em 1989. Wadih Khawanda era chefe do Departamento de Música da Rádio e da Televisão e tínhamos um bom relacionamento. Na época, eu era membro de um comitê para examinar textos musicais do mesmo departamento, que incluía Munir Bashir, Abdel Razzaq Abdel Wahed e Khalil Al-Khoury. Na manhã da publicação da entrevista, o telefone tocou na minha sala na revista Al-Aqlam. Wadih Khawanda estava na linha e aparentemente leu a entrevista. Ele me perguntou, em tom de brincadeira, sobre meus textos antigos para que pudesse compô-los! Depois acrescentou com pura alegria: não sabia que aquele aluno seria, um dia, um dos que controlam o destino dos textos submetidos ao Departamento de Música!

2

No entanto, o conselho do artista Wadih Khawanda não me impediu de tentar escrever letras de músicas, das quais nenhuma viu a luz do dia. Anos mais tarde, alguns dos meus poemas, escritos em árabe clássico, chegaram a compositores talentosos como Kawkab Hamza, Talib Al-Qarghouli, Kamal Al-Sayyid, Hussein Al-Samawi, Salem Hussein e Ali Abdullah. Embora esses poemas, ou pelo menos os métodos de escrevê-los, não os tornassem originalmente adequados para tal propósito, eles contêm um momento de tensão lírica que esses artistas conseguiram expressar de forma atraente.

Década de 60, repleta de ansiedade e transformações. O clima de renovação não se limitou ao front da literatura e seus ramos. Há um renascimento no texto lírico, na voz e na imaginação melódica. Fiz boas amizades com vários artistas. Kawkab Hamza, Saadoun Jaber, Riyad Ahmed, Saadi Al-Hadithi, Erian Al-Sayyid Khalaf, Riyad Al-Nomani. Éramos o produto do que fervia naquele caldeirão de fogo.

Kawkab Hamza, por exemplo, não era apenas um compositor talentoso. Em vez disso, além de seu excepcional talento inicial, ele era sensível, consciente e extremamente apaixonado pela poesia. A sua sensibilidade poética constituiu o berço estético e humano da sua arquitetura melódica, com a qual confundiu e virou de cabeça para baixo a história da canção iraquiana.

Jamais esquecerei a amizade que nos uniu, humana e poética ao extremo. Numa atmosfera política extremamente feroz, após a Guerra de Outubro, Kawkab Hamza compôs os versos poéticos ardentes do meu poema *Uma onda ao vento iraquiano*, do qual me lembro da seguinte passagem:

> *De Bagdá e Sinai...*
> *Das árvores quentes de Golã*
> *E o deserto...*
> *Esta noite*
> *O furacão da pobreza iniciou...*

Talvez Kawkab Hamza, na sua paixão pela criatividade, não concorra com outros artistas como Saadoun Jaber e Riyad Ahmed, e Kazem Al-Saher mais tarde, naturalmente. Esses artistas elevaram sua arte de cantar a altos níveis de novidade e intimidade. Eles não eram apenas cantores ou apenas habilidades performáticas ou apenas técnicas de canto muito rígidas. Pelo contrário, é um fórum para interação ao vivo entre os componentes da beleza e os elementos de inovação da música e as motivações e incentivos que a rodeiam. A trajetória desses artistas foi regida por uma essência humana muito autêntica, que devolveu a criatividade a uma incubadora moral extremamente elevada e ao mesmo tempo rebelde.

Jamais esquecerei aquele encontro único sobre Abu Al--Ala (Al-Maarri),[16] entre poesia e canto e a nobreza da amizade. Estive na cidade de Almaara, em 2009, pelo que me lembro, participando de uma conferência sobre Abu Al-Ala. Os supervisores da conferência nos informaram que teríamos uma noite de canto com a presença do artista Saadoun Jaber. Alguns dos meus amigos participantes sabiam da minha amizade com ele. Quase trinta anos de ausência separam o nosso encontro de hoje do nosso último em Bagdá, antes que a secura e a solidão invadissem as veias da cidade.

Era ao ar livre, que estava tingido pela beleza da melodia triste iraquiana. O público não foi inteiramente da poesia, da literatura e da pesquisa acadêmica, mas houve uma parte importante, representando o estado e o partido. O cantor Saadoun Jaber estava no auge do seu brilhantismo quando o pequeno papel lhe chegou, as pessoas estavam no centro do seu fascínio pelas suas manifestações iraquianas. Ele olhou para o pedaço de papel e depois para o lado onde eu estava sentado, em seguida para os ilustres oficiais presentes. Ele parou de repente, pediu desculpas sem jeito e sua alma brilhou com uma alegria antiga. Ele procurou a ajuda de dois dos jovens que o rodeavam e desceu do palco alto. Foi até mim ansiosamente e o ar explodiu em aplausos, abraços e amor...

Quando voltou ao palco, contou-lhes o segredo de toda essa alegria e sobre o meu poema *A senhora do caos*, que ele sempre quis compor e cantar. Essa cena foi uma parte bela do brilho de Saadoun Jaber naquela noite e da sublimidade de seu espírito e fez parte da conversa de muitas pessoas sobre uma amizade que permaneceu resistente ao longo desses anos e sobre valores que não se repetem com frequência, talvez, em nossos dias atuais.

---

16 Al-Maarri (em árabe: أبو العلاء المعري), nascido em Almaara, perto de Aleppo, Síria (973-1057), foi um filósofo, poeta e escritor árabe, sendo cego.

3

Um dia, meu professor na Escola Secundária Al-Bataween, Abdel-Saheb Atra, me apresentou a Muzaffar Al-Nawab. Eles eram amigos e moravam na mesma região. Parece que meu conhecimento do Al-Nawab veio tarde, pois meu interesse pelo poema popular, que não durou mais do que aproximadamente dois anos, começou a ser excluído fortemente pela aspiração de escrever em árabe clássico e para leituras literárias em uma direção diferente. Porém, os meus encontros com Muzaffar Al-Nawab, paradoxalmente, aproximaram-me, sem saber, da essência da poesia, independentemente da sua linguagem. Senti que minha língua árabe era meu combustível que poderia ser aceso a qualquer momento e escrevê-la ou falar usando ela era a fonte de um sonho delicioso que não me abandonava.

Assim, a minha relação com Al-Nawab durou apenas um curto período e foi preenchida com a sua influente presença poética e humanitária. Encontrava-o com um grupo de alunos dele, mais ou menos da mesma idade que eu. Num inverno rigoroso, os deputados desapareceram repentinamente de nossas vidas. Isso aconteceu em 1963, após um golpe violento e sangrento.

Na mesma escola, o professor Saad Al-Nasiri ajudou-me a recorrer à poesia árabe com maior confiança, num momento excepcional que não esqueci ao longo da minha vida. Ele me surpreendeu uma manhã:

Por que você não escreve um poema em árabe clássico?

Tive uma relação especial com ele, pois fui um dos seus melhores alunos na aula de árabe na Escola Secundária Al-Bataween. O tom da pergunta me surpreendeu mais do que a própria pergunta. Senti que havia tanto tristeza quanto pena, como se estivesse perdendo meu tempo fazendo um trabalho inútil.

Depois que ele soube, naquele dia, que eu também estava tentando escrever a poesia vertical, ele me pediu para comprar um exemplar do livro *O balanço de ouro* e então começou a me ensinar alguns versos poéticos e como fazer o balanço poético. Assim, o professor Saad Al-Nasiri encurtou o caminho para que eu escrevesse um poema livre de armadilhas acidentais. Seu nome era, e ainda é, uma das coisas mais bonitas de que há memória.

    Mais tarde, meus poemas verticais e poemas Al-Tafila[17] começaram a aparecer nos jornais iraquianos. Como Al-Anbaa Al-Jadeeda, cuja página literária foi supervisionada pelo contador de histórias Abdul Rahman Majeed Al-Rubaie. E o jornal Al-Manar, no qual o poeta Khaled Al-Halli era editor de sua página literária. Aí comecei a publicar, depois disso, em mais de uma revista árabe e iraquiana, enquanto ainda era estudante do ensino fundamental e médio, como Al-Aqlam, Alamiloun Fi-Alnaft, Alif Baa, Al-Adib Al-Beirute e Al-Shaer Al-Masryiya. Eu estava carregado de sonhos, tensões e desejos suficientes e procurava urgentemente uma forma poética apropriada para esse tumulto interior.

4

Portanto, a minha convivência com Jabra Ibrahim Jabra não foi um acontecimento comum. Pelo contrário, é uma janela para muitos sonhos depois da sua atenção ter sido atraída pelo meu poema que publicou em Alamiloun Fi-Alnaft.[18] Ele tinha uma personalidade cativante, me incentivou muito e seus escritos críticos e ficcionais e suas traduções do inglês ocuparam, e ainda ocupam, um lugar especial em minha mente.

    A minha descoberta do mundo poético de Adonis, em meados dos anos 60, foi o início de uma verdadeira transformação na minha compreensão da poesia. Uma coincidência decisiva me levou a esse labirinto exuberante: minha intensa curiosidade e a necessidade de dinheiro de um dos meus ami-

---

17 O poema vertical adota o sistema poético de versos compostos com rima, equilibrados e formados por um número específico de sílabas. Por outro lado, o poema Al-Tafila emprega o desenvolvimento na forma externa, não dependendo mais do sistema de versos, mas sim do sistema de versos poéticos. Portanto, é um poema equilibrado, mas não necessariamente obrigado a seguir a rima.
18 Trabalhadores do Petróleo, em português.

gos. Obtive suas duas grandes coleções, *Teatro e espelhos* e *O livro das transformações*, que estão entre as melhores obras poéticas de Adonis. O amigo era Salman Al-Saadi, que costumava escrever poesia moderna e trabalhar como professor na cidade de Kirkuk, e, quando me vendeu as duas coleções de Adonis, estava passando por um período dos seus recorrentes episódios de falência.

O primeiro poema

1

Acordei numa manhã de setembro de 2019. Naquela época, estava na cidade turca de Bolu. Naveguei no meu celular e vi meu amigo, o poeta Abdul Razzaq Al-Rubaie, essa criança alegre e simpática, me tirando dos resquícios do sono e me transmitindo um parabéns que continha muita alegria e pureza de espírito: "Parabéns por receber o Prêmio Al-Owais da Poesia". Foi um momento profundamente emocionante, quer dizer que a poesia não está perdida. Talvez eu tenha imaginado isso num momento de tédio ou de falta de esperança, mas naquela manhã ficou claro para mim que alguém estava esperando a sua passagem no momento certo. Não é preciso dizer que nem todos os prêmios do mundo fazem um verdadeiro poeta. Sempre fiz distinção entre um poema de prêmio e um prêmio de poema; entre um poema escrito, num esforço deliberado e talvez astuto, para obter um prêmio qualquer e um prêmio que surge como o auge de uma vida poética cheia de inovação, de insônia e de uma dor nobre.

Ao justificar a minha conquista do prêmio, o júri destacou os textos que apresentei como "cheios de grandes questões humanas e de situações poéticas diversas, formuladas numa linguagem condensada e parca e inspirados na memória da infância e da aldeia, nos mitos da Mesopotâmia e nos detalhes da vida cotidiana". Num gesto íntimo à vida da minha poesia, carregada de cansaço e determinação, os jurados prosseguiram dizendo: "Ele teve um papel contínuo na renovação do poema árabe e na diversificação da sua estrutura e propósitos. Acrescentou energias retóricas e rítmicas que contribuíram para enriquecer a nossa imaginação coletiva e alcançou um alto grau de beleza estética".

2

Este momento único me transportou para meio século de ansiedade misturada com paciência, alegria e expectativa. Fiquei parado por alguns segundos antes de bater na porta. Foi um momento excepcional, rompendo com o ritmo habitual dos meus dias. Há uma mistura de sentimentos, quase indescritível, em frente à redação da revista Alamiloun Fi--Alnaft. Eu sabia que foi publicado sob a supervisão do grande romancista e intelectual Jabra Ibrahim Jabra. Quando a porta se abriu, na minha frente estava o secretário administrativo da revista, Abu Tawfiq, um senhor idoso muito educado. Isso foi em 1964 e eu estava na quarta série.

Algum de nós pode esquecer seu primeiro poema? Refiro-me ao primeiro choque entre o seu corpo e a sua alma, entre a sua superlotação de significados e desejos e a sua incapacidade de se revelar. Será possível que um dia deixemos de lembrar aquele poema que causou pela primeira vez em nós um tremor interior, que fez com que nossos corações gelassem e nossos membros tremessem de medo de seu misterioso prazer? Como pode o esquecimento ficar entre nós e aquela memória distante que excita os sentidos? É o nosso primeiro encontro com a linguagem e a fornalha das emoções. Foi o nosso destino inevitável que nos levou, talvez por acaso, à beira daquele poço perfumado de pura escuridão.

Não creio que algum poeta consiga lembrar-se exatamente do seu primeiro poema. Mas ele se lembra dele, ora turvo, ora com traços específicos: ele aviva sua memória e desperta em seu mundo um sabor estranho, muito parecido com o cheiro de pasto lavado ou de uma mulher entregando seu corpo à languidez do sono. Um cheiro não é fácil de definir, mas está localizado ali, na zona entre a imaginação e a memória.

3

Em algum momento de nossas vidas, nossos sentidos de vida se abrem repentinamente. Percebemos então que estamos deslizando, rápido, para a beira de um poço tentador que não tem fundo. Durante um período como esse, senti que meu corpo estava me levando à sua própria loucura, essa loucura avassaladora e sem sentido. Assim, esses sentidos colidem entre si e, em algum lugar, rebanhos despertam-se sedentos de luz.

Que emoção fervorosa é essa? Minha necessidade inicial de expressão e o prazer de revelar tornaram-se mais difíceis a cada dia. Como é costume de muitos que estão intoxicados pelos doces dias da juventude e por suas pequenas tolices, corri em busca de alguma janela que me salvasse desse tumulto físico e espiritual. Uma janela pela qual fujo da confusão dos sentidos e dos seus chamados por vezes conflitantes ou incompreensíveis.

Eu havia enviado o poema para um vizinho meu, que trabalhava como motorista na empresa de petróleo do Iraque, onde a revista era publicada pelo Departamento de Relações Públicas. Ainda me lembro daquele momento naquele dia especial de outono de 1964, quando fui até a direção da revista e comprei um exemplar de sua nova edição, sem saber que meu poema havia sido publicado naquela edição.

Meu primeiro poema não foi realmente o primeiro; foram muitos os fracassos que o precederam e abriram caminho para seus primeiros sons ou murmúrios: fragmentos de significados e emoções, rascunhos inacabados, tentativas de aproximação com as faíscas. Antes de chegar ao primeiro poema, minha confusão atingia o máximo: havia um trovão interno especial que despertava aquelas torrentes adiadas e as empurrava a ascender ao espaço da expressão. Neste novo espaço, muitas coisas que estavam estabelecidas e tranquilizadoras ficaram confusas: objetos, sonhos, memórias, significados e vocabulário da língua.

Parece-me que, nos meus primórdios, eu era como alguém correndo de uma janela para outra, acenando para qualquer coisa que passasse: uma nuvem, um funeral ou uma mulher, para chamar a atenção do mundo inteiro para esta amarga batalha que ninguém via além de mim, para esse caos confuso de significados, emoções e pesadelos. Foi grande minha alegria constatar que o poema coloquial abriu caminho para a revelação, um dia, quando eu ainda estava na sexta série do ensino fundamental, mas depois de um curto período senti que o que eu estava tentando expressar naquele momento era muito difícil para o meu dialeto coloquial suportar. E assim o vento foi me empurrando, completamente, para o outro lado do rio na viagem com a língua.

4

Quando enviei meu primeiro poema para a revista Alamiloun Fi-Alnaft, nunca pensei que seria publicado tão rapidamente. A revista, ao contrário do seu nome, abriu as suas páginas a jovens poetas modernistas como Sargon Boulos, Fawzi Karim, Hamid Saeed, Abdul Rahman Majeed Al-Rubaie, Khaled Ali Mustafa, Salah Fayeq, Khaled Al-Hilli e outros. A revista era supervisionada por um intelectual brilhante e inovador com uma personalidade muito influente.

Saí do luxuoso prédio e comecei a folhear a revista enquanto atravessava a Ponte da República, que liga a administração da revista à Praça Tahrir. Descobri, enquanto estava no meio da ponte, que meu poema era o primeiro dela, embora o mesmo número incluísse um grupo de poetas, alguns dos quais tinham uma idade poética superior à minha idade cronológica. Havia, por exemplo, Ibrahim Al-Zubaidi e Radi Mahdi Al-Saeed.

Voltei à administração da revista. Foi um momento emocional raro e um ponto de virada diferente do habitual dos meus dias. Esperei alguns segundos antes de bater na porta. Eu estava no meio de um misto de sentimentos quase indescritíveis. Quando o diretor administrativo da revista descobriu que eu tinha um poema na nova edição, ele me deu mais quatro exemplares e cinco dinares como recompensa.

No caminho para a escola, que era à tarde, senti que Bagdá se aglomerava ao meu redor para ver meu primeiro poema, impresso naquele papel luxuoso e brilhante. Toda a Bagdá: suas nuvens e lindas garotas, suas altas palmeiras e suas vielas empoeiradas. Imaginei que muitos estavam contemplando o título do meu poema, *Para um amigo viajante*, que estava escrito em verde, enquanto meu nome estava escrito em outra cor, e ambos estavam escritos na bela caligrafia Ruqaa.[19]

A ponte Jumhuriya, que liga os lados Karkh e Rusafa, estava lotada de pessoas atravessando em ambas as direções. Todos apontavam para mim: este é Ali Jaafar Al Allaq. Essa era a minha imaginação, no auge, naquele momento. Naquela altura, não pensei que outro acontecimento pudesse preocupar mais os residentes de Bagdá ou as suas mulheres em particular do que aquele meu poema. Eu imaginava o rio abrindo seus espelhos aquáticos para muitos detalhes, talvez os mais proeminentes fossem a ponte, as palmeiras nas margens e a alegria que meu poema deixou em mim, quase até a arrogância. Entre seus versos:

Me ensinou a trançar a palavra, queira eu *meu coração não se atraia pela beleza*
Minha harpa para o fogo é um balanço, que *nunca um som dela escapa com leveza*
Seu nome é um penhasco para coletar orvalho *o Senhor, na sua coloração, teve proeza*
Em cada estrela, da nossa história, um braseiro *uma fogueira, que não se apaga, furiosa*[20]

---

19 A escrita Ruqaa é uma forma relativamente moderna de caligrafia árabe, criada pelos otomanos em 1863. A caligrafia árabe é a arte e o design de escrever utilizando as letras árabes. Caracteriza-se por ser conectada, o que possibilita adquirir diversas formas geométricas por meio de alongamento, retração, rotação, angulação, entrelaçamento, sobreposição e composição.
20 Uma tradução com adaptação para atender ao desenvolvimento criativo do texto original.

5

Na Escola Secundária Al-Nidal, na zona de Al-Sinak, onde estudei, o meu poema teve outra conversa e repercussões diferentes. Entrou na turma o professor de língua árabe Ahmed Nassif Al-Janabi, com quem mais tarde tive uma boa amizade e companheirismo acadêmico. Suas aulas eram, entre todas as outras disciplinas, as mais próximas do meu coração por serem na área de melhor desempenho meu entre os alunos da quarta série e, muitas vezes, peguei emprestado dele livros literários, especialmente os traduzidos. A sala não estava em um estado normal: os alunos estavam sentados de forma desigual. Eles foram divididos em grupos. Cada grupo disputava um exemplar da revista Alamiloun Fi-Alnaft, tanto que a maioria dos alunos não percebeu a entrada do professor.

Quando ele manifestou seu espanto com o que estava acontecendo, contrariando o nosso costume nos dias normais, muitos alunos pediram ao professor, com claro entusiasmo, que a aula daquele dia fosse uma celebração do colega, já que ele era o poeta da turma. Quando o professor Al-Janabi soube que o meu poema publicado na revista era a causa deste alvoroço, que não tinha acontecido anteriormente, pegou a revista e leu o poema com interesse, depois pediu-me que o lesse aos meus colegas. Notei, como o professor Ahmed Nassif Al-Janabi percebeu naquele momento, que a maioria dos alunos queria celebrar o poema e seu escritor para escapar da aula de gramática, não por amor ao poema ou ao seu escritor.

Embora aquele meu poema fosse vertical, eu estava nele e noutros com mais clareza, como se alguém tentasse abrir um caminho que a linguagem não conhece neste tipo de poema nem a sua estrutura retórica. Tento levar minha linguagem ao extremo para que, às vezes, ela perca sua referência realista. Meus poemas verticais em geral tendiam, talvez ao ponto da ambiguidade, numa direção que se apoiava em imagens e metáforas estranhas.

Como qualquer jovem que vê pela primeira vez o fruto da sua luta com a sua linguagem, a sua imaginação e as suas emoções, fiquei confuso ao ponto da alegria. Porém, ao mesmo tempo, eu também sentia pavor, porque uma pergunta dolorosa perturbava minha alegria: o que escreverei depois deste poema? Embora o poema tenha sido minha primeira escolha ao longo da vida, muitas vezes outra atividade o acompanhava, a escrita de artigos críticos ou de artigos literários.

O primeiro livro

1

Meu amigo, o romancista Ismail Fahd Ismail, que estava em uma breve visita a Bagdá em 1971, pelo que me lembro, me disse que iria a Beirute em uma semana. Eu tinha uma coleção de poemas publicados em vários jornais e revistas iraquianos, que escrevi no período de 1969 a 1971. Eu havia coletado as poesias para um livro com a ajuda de uma querida colega minha, que gostava, e ainda gosta, de minha poesia. A coletânea foi adiada pela editora Dar Al-Awda por mais de quase dois anos antes de ser lançada em 1973 em uma edição que carecia de precisão.

Pouco depois de contatá-lo, o artista Dia Al-Azzawi me surpreendeu com uma linda pintura para a capa da coleção. Fiquei muito feliz com a pintura dele, um espaço dourado como se fosse um campo de trigo se aproximando da colheita final. Na parte inferior da pintura, há um interlaço entre vários espaços em cores que variam em regularidade e amplitude e formados por verde, vermelho, branco e preto de forma marcante. Havia uma linha preta que cruzava o espaço dourado verticalmente até a borda superior e à direita havia uma rosa vermelha.

Participaram na criação da capa da minha primeira coleção quatro dos amigos mais sensíveis: o desenho da capa do artista Dia Al-Azzawi, a edição da capa e a fonte do título foram feitos pelo poeta Sadiq Al-Sayegh, e o poeta Muhammad Sa'id Al-Sakkar escreveu os títulos dos poemas com sua maneira elegante. Quanto à contracapa, continha um belo e muito significativo texto do poeta Fawzi Karim.

Recebi minha cota de exemplares em Bagdá. Eu estava muito feliz com isso. Uma reação natural e muito honesta para quem vê seus sentimentos, sonhos e imaginações respirando no papel. Horas depois, o recém-nascido não estava completamente saudável. A editora não mencionou o nome do artista

Dia Al-Azzawi como pintor do quadro da capa, nem do poeta Sadiq Al-Sayegh, que preparou a capa. Assim, grande parte do calor da primeira alegria foi dissipada. Isto se refletiu no meu encontro com o proprietário da editora Dar Al-Awda, um encontro muito frio, quando o conheci em Beirute, em 1973.

Na ocasião em que enviei minha coleção para publicação, o poeta e sua primeira coleção se fundiam num primeiro acontecimento poético ou como se construíssem a primeira margem do rio da fala, que se multiplicaria, se complicaria e subiria os seus níveis, uma coleção após a outra. Entre a sua primeira coleção e a última, o fio da fala se estende por toda a vida do poeta, que segura a ponta desse fio para medir ora a pulsação da água, ora a emoção das ondas.

A primeira coletânea pode ser um dilema para o poeta se ele não tiver nada a dizer depois. Pode não ser nada mais do que um grito que não significa nada, mas é adicionado a um campo de ruídos semelhantes. Talvez constitua fermento para um destino poético interessante se o poeta nele investir bem. Ou seja, são três resultados, quase todos dependentes do talento e da cultura do poeta.

2

A coletânea *Nada acontece... ninguém vem* pode ter parecido uma tentativa de lidar, de forma especial, com a linguagem, a imagem e o ritmo. Ou uma aventura que me levou a acreditar, delirante ou com confiança questionável, que poderia confundir o movimento do rio ou deixar alguns arranhões nestes três pilares poéticos do poema convencional: linguagem, imagem e ritmo...

Meu trato com esses pilares poéticos não foi resultado de uma ousadia abstrata na linguagem ou de um desdém pelo ritmo poético. Nem foi uma superestimação da imagem poética em si. Em vez disso, foi o resultado de um desejo misturado com uma boa quantidade de consciência nebulosa às vezes. Desde o início, tive um desejo premente de ser diferente da minha geração.

A língua era minha principal preocupação naquela coleção, a tal ponto que às vezes exagerava no cuidado dela, limpando-a das impurezas da estrada e dos transeuntes. Por ter uma forte aversão à tagarelice poética e à expressão prolongada demasiadamente de um significado, às vezes ia longe demais no trabalho para garantir que o texto que escrevo seja o mais breve ou livre possível de saliências, alongamentos e roupagens linguísticas supérfluas. Eu era como alguém em busca de um poema que fosse coerente e autossuficiente, que gesticulasse mais do que falasse e sentisse mais do que entendesse. O significado nem sempre estava protegido contra danos como resultado dessa tendência à estreiteza e à brevidade.

Quanto à minha paixão pelas figuras de linguagem e pela função poética, quase chegou à obsessão. Até hoje, não consigo encontrar o que quero no poema que corre diretamente para o seu significado, sem esforço para camuflar o sentido ou até suavizar seus traços nítidos. Eu acreditava que um poema só se expressa através de um cuidado artístico que não sufoca o texto nem o leva a um destino de interpretação forçado ou imposto pelo poeta. Fawzi Karim, no seu texto de apresentação da minha coleção, referiu-se a esta tendência quando disse que "Al-Allaq é um gerador de imagens brilhante, que não presta atenção aos outros, mas reformula a linguagem para que seja mais inocente e mais primitiva".

E são muitos os exemplos de imagens estranhas:

> – *Sua partida é um pássaro de palha me guiando*
> *Para a terra da tristeza...*
> – *Meu choro é um velho de tinta*
> *Na minha testa descansa...*

Ou de imagem sem grande propósito, às vezes:

> – *A nostalgia se esconde sob minhas pálpebras*
> *Uma ilha de cadáveres adormecidos*
> *Estendo a palma da mão, tirando a água da sua voz*
> *E os sinos dos seus lábios...*

Mesmo as minhas experiências com a poesia vertical não estiveram isentas deste exagero:

> *Minhas malas são lenhas chorando, e minha garganta*
> *Um navio coberto de ferrugem...*

Meu fascínio pelo ritmo era um traço poético comum na maioria dos poemas que escrevi naquele período inicial:

> *– Distribua a linguagem da paciência para nós*
> *Experimente a linguagem dos que fazem chorar,*
> *A noite é de janelas delirando,*
> *E os pássaros da alegria são de barro...*

3

Esta coletânea testemunhou minhas primeiras aspirações de investir na intertextualidade e simbolismo tradicionais e na técnica de mascarar. Um dia, eu estava passando para um cruzamento muito perigoso em uma estrada cujas características não vejo com clareza suficiente. Imaginei-me encontrando de repente um dos meus velhos amigos poetas naquele cruzamento. Ele era muito apaixonado, muito mais velho que eu e tinha apenas um poema. Senti que nossas lágrimas eram parecidas e que estávamos sendo dilacerados em um local exposto a ventos fortes. Depois que me despedi e ele foi embora, encontrei um poema em minhas mãos: *Esboços nos cadernos*, de Ibn Zuraiq Al-Baghdadi. Misturando-se em suas obras entre a autobiografia e a situação do poeta de um poema. O rio Gharraf e a cidade de Rawa balançavam juntos, na imaginação e na memória, para recriar a minha aceleração aos primeiros anos de prazeres da vida sem maldade ou cautela:

> *Travesseiro do meu rosto, e um ramo de água*
> *eu carrego no sono dos seus rostos, ó cerefólio,*
> *E esqueço que tenho da sua vida dois anos*

> *Deixei minhas mãos nelas, minha vida molhada,*
> *Eu vim, sem olhos...*

Na coletânea, também, tem outra máscara; Abdullah Al-Fadil, aquele poeta beduíno apaixonado que foi deixado sozinho pelo seu povo, consumido pela saudade e pela varíola. Sempre fui acompanhado por uma tendência interminável de me expressar através de imagens chocantes ou por uma paixão pelo ritmo, pela intertextualidade e pelos disfarces. No livro *Uma pátria para os pássaros d'água*, voltei a tratar este poema num uso mais amplo da máscara de Ibn Zuraiq al-Baghdadi. Meu longo poema *Caminhando entre duas terras* foi campo para esse retorno...

Minha tendência ao ritmo fazia parte de uma abordagem que tentava estabelecer nos textos que escrevia. Acreditei que o ritmo era e continuará a ser, mas com novos motivos estéticos e semânticos, um componente poético importante se o poeta fizer bem em revelar o seu potencial. Por ritmo, aqui, não me refiro apenas às gamas de versos poéticos herdados, prontos ou pré-preparados, mas sim à abundância latente de flexibilidade, ondulação e diálogo entre os componentes da própria linguagem. Nesta coleção, tentei atrapalhar alguns metros poéticos e acalmar sua respiração ofegante. Às vezes, eu nem me importava em realizar algumas paradas métricas para atingir este objetivo.

4

Com a minha primeira coleção, entrei numa cena poética barulhenta, a entrada de um órfão atordoado num mercado cheio de vendedores felizes com o que tinham. Tribos ideológicas gritando umas com as outras. Exibem seus produtos com tentações cuidadosamente pensadas. Houve poetas verdadeiramente talentosos e poetas menos talentosos, mas mais inteligentes. Quanto a outros, e são muitos em qualquer caso, poetas que foram empurrados para a linha de frente por alavancas de críticas ideológicas repletos por uma certeza marxista ou nacionalista que não tem nenhuma base realista para se apoiar. Entre essas alavancas críticas, estão também aquelas cuja missão se limita à extração de sentido, qualquer que seja o tema do poema e qualquer que seja a sua direção expressiva.

Embora tenha encontrado, em Bagdá, por exemplo, apenas uma cobertura jornalística passageira sobre esse grupo, não me senti frustrado, mas sim tive o sentimento de quem estava ferido na autoestima. Em um tempo em que as tribos ideológicas não encontravam o seu recurso político ou intelectual num grupo que pertencia ao seu tom fortemente individual, o romancista marroquino Mohamed Shukri dominava-as, no jornal marroquino Al-Muharrar, com entusiasmo excepcional: "A novidade desta poesia é chocante".

Posso dizer que foi um exercício poético ousado, que me proporcionou muito fascínio infantil pela linguagem e pelo ritmo. Havia nele algumas imagens que caíam numa estranheza expressiva que achei, na época, cheia de luxo linguístico e buscava sentido de maneiras muito escondidas. No entanto, a sua especificidade linguística e os seus esforços rítmicos e retóricos só apareceram mais tarde, à luz das abordagens críticas cristalizadas que celebraram a poética do texto de uma nova forma.

Sou da década de 1960 e não sou um deles

1

Dois dias após o falecimento do grande poeta Hassab Al-Sheikh Jaafar, em 11 de abril de 2022, estive com meu amigo crítico Fadel Thamer no Canal Iraquiano em entrevista mediada pelo Dr. Saadoun Damd. Recordamos com tristeza e admiração a carreira deste grande poeta, que foi, e continuará a ser, alvo de muitas discussões e debates. Durante a entrevista, apontei um fato importante que caracterizou sua vida e sua experiência única e serve de introdução para falar sobre sua geração, que era cheia de agitação e caos: Hassab Al-Sheikh Jaafar era o poeta menos delirante e barulhento dos anos 60, embora tenha sido o mais inovador.

Desde o início, e apesar da voz baixa, Hassab Al-Sheikh Jaafar, foi autor de sugestões poéticas fundamentais. Ao contrário da maioria dos poetas dos anos 60, tinha um amplo horizonte estético: uma memória aguçada e uma imaginação muito rica. Mas este poeta excepcional, apesar da seriedade da sua experiência poética, estava longe da arte das relações pessoais e da autopropaganda. Esta é uma característica que permaneceu enraizada nele e vai em direção oposta aos poetas daquela geração, alguns dos quais sofreram de autoengrandecimento e outros foram elevados por alavancas partidárias, grupais ou ideológicas.

2

Naquela época, um vento, tímido e calmo, empurrava minha única vela para o meio do rio, sem que eu prestasse atenção à terra, que estava cheia de barulho. Havia poetas verdadeiramente talentosos, outros que viviam de talento modesto e alguns que não tinham talento.

Tenho dito muitas vezes que pertenço à geração dos anos 60, mas não pertenço a ela no mesmo momento. Eu estava me afastando dela, mas estava no mesmo clima, tentando escrever meu poema do meu jeito, livre do que dominava o comportamento de alguns sessentistas e/ou os seus textos, com os quais tentavam encobrir as deficiências de linguagem ou talento.

Vim com ferramentas que não necessitavam de muito para serem alvo de atenção das críticas vigentes na época, mas que talvez não tenha recebido o suficiente da bênção dos grupos apoiantes. Apresentei modelos poéticos notáveis, seja ao nível do texto vertical, no meu início, ou seja do poema Al-Tafila desde a minha primeira coleção: como escrever numa linguagem muito focada, misturar mares[21] poéticos, alternar entre mais do que uma forma poética dentro de um único mar, escrevendo um poema narrativo, empregando as conotações metafóricas e símbolos e gestos intertextuais. No entanto, o problema não estava relacionado aos meus poemas; pelo contrário, a meu ver, estava localizado noutro lugar. A maioria dos críticos desse período estava dividida em tribos políticas e ideológicas concorrentes.

3

Eu estava crescendo, poeticamente, num local adjacente à geração dos anos 60. Quando analiso a razão disso, posso não encontrar uma explicação, exceto por duas coisas. A primeira: que no início, eu me esforçava, às vezes obsessivamente, para escrever um poema dentro da estrutura da métrica vertical, mas era diferente, e até contraditório, do que era familiar mesmo dentro do próprio padrão vertical. Era uma tentativa de escapar da prosódia para a linguagem e da mente para a imaginação. Quero dizer, desde a rigidez da métrica e a secura da lógica até a suavidade e abertura da metáfora. Sentia que experiências poéticas como as que escrevia não recebiam a

---

[21] Os mares da poesia, ou mar poético, é o termo em árabe para se referir ao conjunto de iâmbicos que organizam os versos da poesia, sendo os iâmbicos uma descrição do tipo de pé utilizado na métrica.

atenção que mereciam naquela tumultuosa comoção dos anos 60, muitas das quais se baseavam no afastamento, verdadeiro ou falso, de tudo o que se relacionava com a poética tradicional e herdada.

A segunda questão diz respeito à minha formação pessoal, pois fui criado para odiar tudo que carece de civilidade. A poeira dos partidários preencheu grande parte da cena dos anos 60. Eu tinha uma forte aversão a isso e ao comportamento associado de alguns sessentistas. Alguns deles eram realmente talentosos e não há dúvida sobre isso. No entanto, outros estavam entre aqueles que seguiram o fluxo sem ter consciência, talento ou cultura reais:

> *Quem vou convidar para minha sessão?*
> *Quem divide comigo o verde da alma?*
> *O meu vinho não agrada eles, nem o deles é do meu agrado,*
> *Nem naquela nuvem ascendente*
> *Consultando a sua infância...*
> *Árvores preguiçosas, acentos de madeira e hipocrisias antigas...*
> *Ó folhas da luz, ó cavalos indomados...*
> *Onde estão?*

4

Trabalhava tranquilamente, à minha maneira, longe do barulho e das grandes reivindicações que foram um fenômeno dos anos 60 por excelência. Muitos dos meus poemas foram publicados a partir de 1963 na revista Alamiloun Fi-Alnaft; na Al-Adib, em Beirute; na Poesia, no Egito; e na Al-Aqlam iraquiana; além de jornais locais. Contudo, a minha frequência nos cafés de poetas dos anos 60 chegou relativamente tarde.

Posso dizer que entrei para a festa da geração dos anos 60 como um órfão perturbado, como já disse noutro lugar. A festa foi alegre, porém dispersa e desarmônica. A revista de poesia Sessenta e Nove foi o foco mais importante daquela festa e um exemplo claro da sua falta de harmonia. Esta revista vanguardista não publicou mais do que alguns números. Não havia espaço para ela nas mentalidades e gostos tradicionais. Embora a sua morte mais cruel, pelo que vejo, tenha ocorrido por outro motivo. Parte da ideologia e da rigidez do Estado penetrou na estrutura da revista e nos seus caminhos visionários e intelectuais. É verdade que a sua afirmação poética, com a qual iniciou o seu primeiro número, foi alvo de ressentimento por parte de muitos dos filiados ao movimento conservador na poesia, na literatura e na vida. No entanto, a revista parecia bombardeada por dentro desde o seu primeiro número e talvez antes mesmo de ser publicado, como se tivesse por trás duas mentalidades contraditórias.

    A sua inclinação poética dirigia-se para um horizonte liberal inequívoco, enquanto o espírito de censura se insinua nas suas juntas e em algumas reportagens veiculadas nos subúrbios, por vezes misturados com um tom dogmático que está completamente em desacordo com a premissa e os delírios da afirmação poética. O primeiro número da revista foi muito animado, mas ainda assim trazia um indício preocupante de um fim inevitável. Nenhuma aventura moderna na poesia ou na vida pode sobreviver em uma atmosfera sufocante. Havia um sentimento inegável de que os dois poetas, Fadel Al-Azzawi e Sami Mahdi, eram dois estilos diferentes, até ao ponto de oposição, em consciência e comportamento. Quase diria que pareciam mais amigos íntimos do que representantes de uma única visão: um era poeta liberal, com uma imaginação modernista extrema que às vezes beirava o surrealismo, e outro que vem de uma incubadora ideológica bem estabelecida, ele não entra na modernização poética longe de seus ideais enraizados. Assim, a sua aproximação preocupante, num projeto poético moderno como este, só poderia conduzir ao fim esperado. Isto é o que realmente aconteceu. Algumas edições ousadas e acabou a revista de poesia Sessenta e Nove. E os caminhos do poema iraquiano foram divididos, com resultados, conquistas e nomes.

Eu não estava sozinho lá fora. Em vez disso, havia comigo um grupo de sonhadores do poema. Alguns de nós ficamos admirados diante da cena dos anos 60. Por uma relativa diferença de idade, ou talvez por falta de competências poéticas, não pertencíamos fortemente ao grupo principal: éramos vozes fracas, almas despojadas dos jogos da política e da sua necessária astúcia, por não termos nem os tormentos da prisão, nem a experiência da organização, nem a paixão por nós mesmos. Assim, as nossas primeiras coleções de poesia foram a concretização da nossa situação individual e que ambicionávamos do horizonte que procurávamos ser diferente. Estávamos um pouco afastados das linhas de fronteira ou em uma fronteira leve com os seus poetas mais claros. Houve grandes jogadores que quase monopolizaram o movimento da cena poética daquela época: o espaço dos eventos poéticos, a fumaça dos cafés, as vitrines da imprensa e, às vezes, o que acontecia fora dos textos, de planos, movimentos ou projetos.

5

E assim eram as nossas primeiras tentativas, enquanto a maior parte da crítica foi movida pela febre de ideologias conflitantes, tentando elevar a "função", a "conotação" ou o "significado" do poema, sem levar em conta, na maioria dos casos, o esforço da estética e a composição que o elevava ao nível de um texto poético elaborado. Para esta crítica, a poesia, ou a literatura modernista em geral, tinha de ser funcional, utilitária e obediente. Ela também não deveria confiar em nenhum valor intrínseco. Em vez disso, deriva a sua influência de coisas fora do texto: proselitismo doutrinário e incitamento social.

Encontramo-nos, assim, em um espaço livre durante muito tempo, sem nenhum apoio, exceto a nossa tristeza e os nossos poemas. Sem posição, riqueza ou tribo tirânica. Por tudo isto, o nosso fogo puro não atraiu os comboios de críticos profissionais e autores de elogios literários, pois era fogo que não deixava nada além de uma escrita muda. Os críticos, então, viraram-se noutra direção, o que os leva não só à ideologia, mas também àquela brilhante emboscada: privilégios, bajulação e mentiras lucrativas. Um artigo ou texto de elogios da crítica pode levar ao prestígio ou a uma posição de destaque. Talvez alguns desses críticos tenham conseguido, por meio de algum tipo de influência, levar à formação de padrões de valores literários e da hierarquia de níveis. À medida que distribuíram o silêncio ou o esquecimento a poetas específicos, reconstruíram outra memória de crítica que só abrange certos nomes e acomoda apenas tribos de um tipo especial.

6

Eram muitas as vozes poéticas puras que foram em grande parte esquecidas. Nomes que procuraram com profunda paixão estabelecer uma tendência estética interna que se baseasse na visão em vez do tema e na revelação em vez da franqueza. Nossos poemas eram localizados ao ar livre, sem guarda-chuva partidário ou árvore densa para sombrear. Assim, as nossas vozes permaneceram baixas e sussurradas num clima misturado com ruído político, a arte do autopropaganda e uma cultura grupal que se espalha como epidemias. Com motivos diversos, a crítica tradicional restringia a liberdade do poema e perseguia-o intensamente: era uma crítica preocupada com a obsessão social, com a função, o papel ou a missão. Ela era incapaz de subir ao espaço do poema ou capturar suas sutilezas e beleza. Assim, o barulho abafou a contemplação e os aplausos encobriram os sussurros. Desde o início, houve algo que distinguiu a minha experiência poética daquela de muitos da geração dos anos 60. Escrever um poema não era meu único foco, embora fosse o foco mais importante. Tive uma atividade séria e contínua no campo da prosa, o que me levou ao cruzamento de dois caminhos claros: o estudo crítico apoiado em evidências e o artigo literário que abordava a crítica sem exagerar no seu luxo estético.

7

Eu estava entre um grupo de poetas cautelosos ou livres de cinismo político e da mácula das acusações. Eu estava com eles à margem da cena dos anos 60, observando o que estava acontecendo com uma certa inocência, mas odiando as facções partidárias e sociais e a hipocrisia e o favoritismo que elas continham. Foi quase difícil encontrar naquela geração um poeta completamente isento da experiência de pertencer a um partido. De uma forma ou de outra, estavam afiliados, arrependidos ou oprimidos pela nostalgia de um passado político do qual ainda não podiam ser libertados.

PARTE 3

As alegrias da primeira viagem

I

Chamou-me a atenção, ao entrar no salão de recepção, que a maioria dos clientes do hotel eram mulheres. Fiquei na frente do gerente do hotel, sentindo-me extremamente estressado. Três horas se passaram enquanto eu vagava pelas ruas de Damasco e entre seus hotéis lotados naquele verão escaldante. Isso foi em 1973 e a fronteira entre o Líbano e a Síria estava fechada nessa altura, o que tornou Damasco excepcionalmente lotada de turistas. Luto para arrastar uma mala pesada em busca de um lugar para passar a noite. A gerente quis me ajudar, então me deixou procurando uma cama adequada na cobertura do hotel. Encontrar um quarto nesta temporada, em Damasco, é quase impossível. Fui para o telhado. Os restos de um cheiro pegajoso ainda emanam dos detalhes do lugar ali, das camas dilapidadas, dos guardanapos de papel descoloridos e das cobertas que ainda não foram arrumadas em preparação para o que acontecerá naquela noite:

– Posso usar o telefone?

Quando ela não se importou, liguei para o senhor Jalal Farouk Al-Sharif, conhecido por sua elegância e natureza gentil. Eu não tinha certeza se ele se lembraria de mim, já que eu não o encontrava há muito tempo. Conheci-o através da revista Al-Mawqif Al-Adabi, da qual era editor-chefe e onde publiquei alguns dos meus poemas nesse período. Depois, conheci-o pessoalmente no festival de poesia Al-Marbed daquele ano. Esta foi a minha primeira experiência de viagem e, por causa daquele árduo passeio noturno, não percebi nada da beleza de Damasco, nem saciei meu anseio avassalador por ela. Eu estava conversando com Jalal Farouk Al-Sharif, num tom bem cansado. Fiquei surpreso que ele se lembrasse perfeitamente de mim. Ele me pediu para descrever a localização do hotel em que eu estava. O nome do hotel era Abou Alhaoul (a tradução literal seria "do caos") e tinha uma semelhança com o seu nome. Está localizado no quarto e último andar de um edifício damasceno, é dirigido por uma mulher obesa, cuja boca está cheia de obscenidades e é auxiliada na administração do lugar por um jovem que não tem nada além de extrema obediência a ela.

Depois de cerca de meia hora, eu estava num abraço caloroso com o Jalal Al-Sharif. Ele colocou minha mala no porta-malas do carro e partimos naquela noite damascena em que comecei a sentir pela primeira vez seu lindo sabor. Estávamos conversando sobre literatura, música e publicação em revistas e percebi que havíamos saído de Damasco, que era cheia de vida, luzes e barulho. Ele disse que iríamos para a área veranil Bloudan ou Zabadani, não me lembro mais. Ele era dono de um apartamento lindo, embora pequeno, lá.

Passei 10 dias inteiros com Jalal Al-Sharif. Tomávamos café cedo em seu apartamento e depois descíamos para Damasco, onde ele trabalhava na revista literária Al-Mawqif, no prédio da União Geral dos Escritores Árabes. Na maioria das vezes, tomávamos o café da manhã num dos restaurantes espalhados ao longo do rio Barada. Eu passava o tempo com ele ou frequentando o Ministério do Interior, esperando o visto para viajar para Beirute. Ele não visitou a família durante quase todo esse período e a única conexão entre ele e eles era o fino fio verde que estava sobre sua mesa: o telefone. Conheci vários escritores e poetas sírios e retomei o contato que tinha com alguns durante a participação deles nas noites do festival de poesia Al-Marbed.

2

Conheci o poeta Muhammad Al-Maghout durante essa visita e ainda me lembro daquela bela noite no Monte Qasioun: Al-Maghout, um amigo e eu. Há muito que ansiava por conhecê-lo, pois os seus poemas, cheios de loucura, ocupavam um lugar especial nas minhas leituras e depois entre os textos que ensinava na universidade. Naquela noite, dei a Al-Maghout uma cópia da minha primeira coleção de poemas, recentemente publicada pela Dar Al-Awda em Beirute, e ainda lembro-me perfeitamente como o seu rosto infantil brilhou de especial alegria quando soube que a coleção continha um poema dedicado a ele. O poema foi intitulado *Memória apagada* e utiliza muitas cenas de infância em que o pai está fortemente presente:

> *Eu era a criança, a seca*
> *Uma ferida brilha na minha memória:*
> *Um caixão verde vivo*
> *Um nome que exala água...*
> *E tenho medos crescentes*
> *Alguns deles vão dormir*
> *E outros ficam*
> *Em vigília...*

3

É das estranhas coincidências ter encontrado o contador de histórias Abdul Sattar Nasser durante a minha visita. Ele havia perdido suas malas há três dias e, como eu, aguardava a aprovação das autoridades de segurança para cruzar a fronteira e visitar Beirute. Embora eu o encontrasse frequentemente em Bagdá, visitar Damasco e Beirute foi uma rara oportunidade para nós dois nos conhecermos, uma aproximação que continuou até a sua imigração para o Canadá e sua posterior morte lá.

Partimos para Beirute numa bela manhã. A estrada não era longa, mas, pela sua beleza e variação, era mais curta do que eu esperava e mais bonita do que pensava. Minhas visitas a Damasco e Beirute naquele ano tiveram um significado excepcional, pois essas duas cidades tiveram uma ressonância especial na alma, que assim permanecerá por muito tempo. Damasco tem um sol alto que brilha na imaginação, fazendo com que muitos sóis irrompam por trás dele, e datas cantadas com poesia e gritarias. Beirute tem todo o céu do presente: assumiu a memória de muitas gerações e alimentou-as de cultura e consciência. Foi minha primeira janela para publicação. A revista Al-Adeeb, de propriedade de Albert Adeeb, foi a primeira revista libanesa na qual comecei a publicar. Aprendemos com Beirute, e nas suas mãos, muitos dos elementos, segredos e singularidade da criatividade através das suas revistas, jornais e editoras. Naquela viagem, estava aproveitando o prazer da primeira viagem, que começou em Damasco, passou por Beirute e terminou no Cairo. Naquela época, eu trabalhava como editor na revista Al-Aqlam.

Assim que chegamos a Beirute e encontramos um hotel simples para nos hospedar, partimos para conhecer as características da cidade, sua atmosfera literária e seus principais símbolos de criatividade, pensamento e cultura. A primeira coisa que vimos foi o Havana Café e havia alguns escritores que Abdul Sattar Nasser conhecia melhor do que eu. Nesse dia, conheci o proprietário do Dar Al-Awda, Ahmed Saeed Muhammadiyah. A reunião não foi confortável. Ele havia enviado uma quantidade de exemplares para Bagdá e, quando corri para folheá-los, fiquei muito desapontado, pois a coleção estava cheia de erros tipográficos. Enquanto estive em Bagdá, escrevi uma carta extremamente aborrecido a Muhammadiyah por causa da má impressão, na qual dizia que qualquer editora, mesmo que fosse popular, não aceitaria para si o que aconteceu. Saí do meu encontro com ele com a certeza de que a sua ligação às publicações da sua editora não vai além da ligação do lojista aos produtos que vende, pois não existe qualquer ligação cultural ou artística entre ele e o que publica. Posso ter exagerado na minha reação e talvez tivesse alguma desculpa para o entusiasmo e a arrogância da juventude, pois vi, depois disso, donos de editoras que superam ele no afastamento cultural.

4

Passamos cerca de uma semana em Beirute, cheia e variada. O filme *O poderoso chefão*, estrelado por Marlon Brando, foi a primeira atividade que fizemos juntos.

Depois também assistimos ao filme *O grande Gatsby*, estrelado por Robert Redford. Às vezes, nossos passeios eram compartilhados e, em outros momentos, cada um de nós fazia sua própria programação. Na Universidade Americana, conheci Nadeem Naima, Khalil Hawi, Muhammad Youssef Negm, Ihsan Abbas e Nicola Ziadeh e a minha relação com eles continuou por muitos anos. Nosso encontro com Adonis, primeiramente na rua Hamra e depois em sua casa em Achrafieh, foi um dos mais belos e ricos.

Foi uma noite rara e Adonis deu-lhe uma beleza especial. Caracterizou-se, como sempre, por qualidades que podem parecer discordantes, pois era aquela mistura complexa com o que representava de profundidade e espontaneidade, complexidade e infantilidade, caos e disciplina. Sattar e eu não éramos os únicos na casa de Adonis, mas havia vários outros poetas e artistas conosco, entre os quais ainda me lembro de Mona Al-Saudi e Samir Sayegh.

Durante essa visita, conheci Fouad Rifqa, meu bom amigo, e Buland Al-Haidari e Saadi Youssef, que na época residiam em Beirute. Uma das viagens que nunca esquecerei foi a nossa visita a Mikhail Naimah[22] em sua casa na montanha em Baskinta. Naquele momento, só consegui contemplar. Diante de seu corpo magro, senti uma profunda admiração. Parecia parte de uma santidade cósmica abrangente, uma casa isolada no fim do mundo. O sol desce em seu pôr do sol sagrado e o céu derrama seu último azul nas encostas. Ali, naquela extensão majestosa, está o início de uma noite que se aproxima, surgindo das profundezas dos vales e da ferocidade das montanhas circundantes. Mikhail Naimah estava mergulhado em uma época especial e imerso na antiguidade.

---

22 Mikhail Naimah (1889-1988) foi um poeta, romancista e filósofo libanês, famoso por seus escritos espirituais. Ele é amplamente reconhecido como uma das figuras mais importantes da literatura árabe moderna e um dos mais destacados escritores espirituais do século XX.

5

Quando chegamos lá, senti um arrepio especial, pois todo o lugar era dotado de verdadeira santidade e uma majestade rara. A noite estava apenas começando, a voz de Fairuz[23] se estendia como um leito de luz eterna e de saudade das borboletas, e o profundo Mikhail Naimah, com seus 80 anos, estava sentado em sua cadeira feita das árvores do cedro. Quando fomos até Mikhail Naimah e voltamos dele, eu estava perdido naquela natureza extraordinária, nas montanhas misturadas com névoa, nos vales tentadores. Há uma vasta extensão que Fairuz abençoa com suas tristezas brilhantes. Naquele momento, descobri que Fairuz só poderia ser ouvida adequadamente em meio a essa natureza extremamente bela, até a crueldade.

Assim, a partir daquele momento, Fairuz, para mim, sempre foi ela. O fermento da beleza neste universo e a fonte mais pura de sua doçura. Uma infância suave que se expande para preencher o tempo e o espaço até deixar cada um deles com seu toque e tom especiais que não são dignos de mais ninguém. A manhã está quase limitada apenas à voz de Fairuz. É o seu reino divino puro ou a sua passagem para as alturas que não têm fim. Ela carrega as manhãs de Deus e as faz circular entre as pessoas, distribuindo-as tão calorosamente quanto os pães feito pelas mães e tão puras quanto as lágrimas de alegria nas crianças, nos oprimidos e nos ricos de espírito. Entra, como uma leve brisa, nas aldeias expostas ao frio e nos vales encharcados de neblina e do choro das flautas.

Parece-me, talvez o início para todos nós, que as manhãs não atingem toda a sua extensão antes de passar por Fairuz: sem ela, a manhã permanece incompleta, sem maturidade e luz suficiente. E para que seja assim, quero dizer, para que cresça e amadureça e se transforme num vasto dia, a manhã tem que ter a voz de Fairuz, uma muleta de luz na qual o dia possa se apoiar

---

[23] Fairuz é uma cantora libanesa, considerada por muitos como uma das principais vocalistas e uma das cantoras mais famosas da história do mundo árabe. Ela é reconhecida como o ícone musical do Líbano e é popularmente conhecida como a "Embaixadora das Estrelas na Lua".

rumo ao nascimento e a partir daí ele sobe até Deus, que é lindo, vasto e repleto de dons raros.

Para fazer justiça a esta voz linda, vinda dos primórdios, é preciso dizer que quase todos os tempos estão em suas mãos e dentro do alcance de sua incrível capacidade. Talvez apenas o meio-dia, a hora em que o sol atinge a sua maturidade ardente, não inclua o alcance de Fairuz e a sua voz cheia de bondade e compaixão, pois este período é a parte do dia menos relacionada com a alegria, com as flores do amor e com as emoções da partida ou da despedida. Embora só possamos nos identificar com sua voz como um presente divino, uma manhã onde a vida começa e uma noite onde fluem revelações e memórias. Deus queria acrescentar beleza adicional às Suas incríveis criações, Suas criações no espaço, no tempo e nas emoções humanas.

Veja o lugar, por exemplo, se curva ou se inclina e geme, como uma jovem no início da maturidade, quando Fairuz passa por ele com a voz cheia de luz e puro instinto. Desde o primeiro murmúrio dela, o lugar vai com ela até os limites extremos da agonia, e a saudade o domina e o êxtase se infiltra em todas as suas articulações, e então ele acorda de seu sono de pedra e começa a derreter e fluir. Ele chama suas partes e componentes e todos aceitam como rebanhos extáticos, cambaleando devido à embriaguez excessiva.

A voz de Fairuz permanece sempre criança, distribuindo contentamento por todas as estações e conhecendo apenas o belo absurdo e a inocência dos seres. O que também chama a atenção em suas canções é que são um clima de integração entre as pessoas no ato de amor que não é perpassado de ressentimento ou inveja. Não são caluniadores, mentirosos ou irônicos, como em muitas de nossas canções árabes. Pelo contrário, são testemunhas da lealdade dos amantes, das suas flutuações ou da sua resistência ao esquecimento.

Fairuz desperta a alegria deste universo, transmitindo nele uma tristeza transparente e uma agonia abençoada e radiante. Através de sua rouquidão ferida, tingida de alegria triste e de espanto, o corpo começa a reconhecer seus primeiros segredos ocultos, sua primeira imprudência, seus pequenos e repetíveis erros. Assim, a voz de Fairuz educa nossos corpos, desde a infância, com a dor pura e sensível. Dessa rouquidão chamativa, os desejos abrem caminho, como um plantio que se contorce em um ar terno, para uma experiência que permanece sempre em seu primeiro estágio, exalando espanto infantil, medo saudável, gozo inocente e boas notícias que não conhecem o fim.

6

A partir de Beirute, cada um de nós escolheu o seu caminho. Cairo foi meu próximo destino. Enquanto Abdul Sattar Nasser tinha outro plano: visitar algumas cidades europeias. Ele era louco por viagens, mulheres e aventuras. Quando nos separamos, senti que naquela viagem descobri sua verdadeira personalidade, como não havia feito ao longo dos anos de amizade entre nós. Ele teve uma infância pura e uma grande alegria espontânea. A amizade, para ele, era o amor limpo e a disposição de arriscar por isso.

Cairo e suas luas infinitas

I

Eu estava no aeroporto do Cairo vindo de Beirute. Tinha duas coisas valiosas comigo: minha alegria com a minha primeira coletânea e um exemplar da revista Mawaqif. Isso é tudo que eu tinha a meu favor. A revista foi enviada por Adonis ao poeta Muhammad Afifi Matar. Naquela época, fiquei feliz com a publicação da minha primeira coletânea de poesias.

Conheci vários escritores egípcios, com os quais a minha relação se fortaleceu durante o Festival Marbed, que começou como um festival novo e animado no início dos anos 70 em Basra. Durante essa visita, conheci Kamal Mamdouh Hamdi, Farouk Shousha, Ibrahim Aslan, Fouad Badawi, Sami Khashaba, Yahya Al-Taher Abdullah e Muhammad Ibrahim Abu Sunna. Ainda me lembro daquele seminário especial de rádio que foi dado sobre a minha primeira coletânea. Sami Khashaba e Kamal Mamdouh Hamdi estavam entre os participantes mais proeminentes. Por um tempo, lembrei-me, com muito orgulho, de uma frase preciosa de Sami Khashaba em que ele descrevia meus poemas sendo como as esculturas de Giacometti: puros, suaves e sem excessos. Ele descrevia uma característica da minha poesia que ainda anseio e tenho consciência e procuro constantemente desenvolver e, por isso, talvez, essa frase tenha ficado gravada na minha memória.

O quanto eu precisava daquela visita; encheu-me de grande vitalidade literária e, apesar da sua brevidade, foi o início de uma ligação íntima com o ambiente cultural local, incluindo críticos, criadores, revistas e instituições culturais. Esta relação começou desde o início dos anos 60: anos de grandes sonhos na criatividade, na cultura, na política e na vida. As bibliotecas de Bagdá estão repletas de livros, revistas e coleções de poesia publicadas por Beirute e Cairo. As revistas Al-Tali'ah, Al-Majalla, Al-Sha'ir, Al-Quissa e Al-Katib representaram, além das revistas de Beirute, um recurso cultural indispensável para mim. Embora eu tenha começado a publicar nos países árabes em 1964 na revista Al-Adib, em Beirute, e na revista egípcia Poesia, quando seu editor-chefe era o Dr. Abdul Qadir Al-Qat, a minha leitura das revistas do Cairo remonta a um período antigo.

Os anos 60 foram um cenário cultural e criativo extremamente rico e vibrante. Éramos crianças daquela geração, com uma sede indescritível de leitura. Os escritos de Taha Hussein, Muhammad Mandour, Muhammad Ghoneimi Hilal e Muhammad Al-Nawahi me atraem mais do que outros. Constituiu um horizonte através do qual pude tocar o que a imaginação e a mente do mundo criaram. Então, uma geração juntou-se às fileiras desses gigantes, não menos distintos que eles, e entre eles os de tom mais profundo: Izz Al-Din Ismail, Ghali Shukri e Muhyiddin Muhammad, depois Gaber Asfour, Salah Fadl e Muhammad Abd Al-Muttalib, que representam um impulso ousado que aproximou o texto árabe da luz de novas condutas e abordagens analíticas não habituais.

Muhyiddin Muhammad foi um dos críticos que ascendeu a um futuro crítico excepcional, com uma linguagem distinta e densa, longe da secura ou do tradicionalismo da linguagem de alguns críticos. Uma nova linguagem e abordagens que não conheço, na revelação dos componentes do poema moderno e das suas exigências artísticas e estéticas. O mais chocante e triste da vida deste crítico é a sua súbita extinção, talvez devido a circunstâncias sociais que o afastaram, me contaram alguns dos seus amigos que viveram com ele no Golfo, tal como a consciência da escrita e dos preços elevados que ela exige.

2

Nenhum de nós pode ir ao Cairo com a memória vazia. Como poderia fazer isso quando se dirigia para uma cidade única, tão simples e tão complexa? Eu conheci esta cidade antiga, como muitos, com um conhecimento sincero, espiritual e cultural antes de vê-la. Porque as características das cidades, profundamente imersas na água, na história e no solo das civilizações, não residem apenas na sua aparência externa, mas sim na sua outra dimensão, escondida, enraizada nas profundezas. Quando você visita, pela primeira vez, uma cidade como Cairo, Bagdá, Damasco, Beirute, Sanaa ou Marraquexe, por exemplo, sua visita a uma delas não será a primeira, exceto no sentido espacial apenas, ou seja, no sentido sensorial, o deslocamento para elas através da solidez do lugar e nada mais. No sentido emocional e cognitivo, a sua visita é apenas mais um lucro somado aos fatores da sua ligação àquela cidade e da sua afinidade espiritual e cultural com ela. Foi isto que realmente aconteceu comigo no Cairo, na minha primeira visita.

A primeira coisa que se encontra no Cairo é a poesia da vida, que flui das conversas das pessoas e do seu comportamento, cheia de simplicidade e transparência. Há, no dialeto de seu povo, um encanto que não pode ser resistido. É um dialeto que foi refinado pelo uso e pela civilização e que atingiu um alto nível de performance ao vivo, que transborda de gentileza, alegria e ritmo. É um dialeto que, pela sua extrema sensibilidade, quase derrete nos lábios, a tal ponto que às vezes imagino que esteja isolado de sua finalidade ou uso utilitário, ou seja, falar nesse dialeto é uma deliciosa imersão nele. Ou, se quiser, é um prazer incomparável. Ouvi-lo equivale a esse nível de prazer de tirar o fôlego.

Não há dúvida de que muitos dos nossos dialetos árabes têm características e charme próprios, mas tendo a pensar que o dialeto do Cairo tem características que nenhum outro dialeto tem. É muito animado e flexível, como se suas falas estivessem transbordando de poesia, trocadilhos, reviravoltas inteligentes, diversão fluida e brevidade emocionante.

3

Esse período alegre não foi isento de lembranças que feriram aquela antiga alegria. Uma delas era muito amarga e afetou diretamente o meu relacionamento com o falecido grande criador Muhammad Afifi Matar. Isto foi no Fórum de Poesia Árabe do Cairo e houve um concurso final para o prêmio de poesia, uma lista curta, e a final foi determinada entre Ahmed Abdel Muti Hegazy e Muhammad Afifi Matar. Fiz parte de uma comissão julgadora chefiada por Abdul Salam Al-Masdi, que incluía um grupo de poetas e críticos como Mahmoud Al-Rubaie, Muhammad Abdul Muttalib e Farouk Shusha.

Ambos os poetas são importantes e distintos e têm marcas próprias. A competição foi difícil porque foi entre dois grandes jogadores. No entanto, o debate devia terminar com a vitória de um deles. Para se chegar a uma decisão, é necessário chegar a um ponto de virada preciso. Este confronto eclodiu entre dois poetas, ambos merecedores de grande celebração: Hegazy e Afifi: eu acreditava que Hegazy era um construtor altamente inteligente, que conhece o seu caminho no espaço da poesia com inteligência e suavidade, nutre-o de detalhes e movimento e preenche suas lacunas com cor, tom e muita delicadeza.

Quanto a Afifi Matar, ele é um poeta de ritmo rico e entrelaçado, gestos religiosos e filosóficos distantes e profundidade chocante. Ele é um poeta que se abstém de leituras precipitadas. Ele ouve a sabedoria da terra e de seu povo oprimido e extrai recursos do lodo turbulento e da miséria de histórias, símbolos e mitos.

Ficou estabelecido que atingir o gosto do destinatário merece ser um critério de julgamento entre poetas e foi o que aconteceu quando Ahmed Abdel Muti Hegazy foi escolhido para o prêmio. Não ignorávamos que esta decisão atrairia a objeção de muitos dos opositores de Hegazy. A objeção não afeta a essência da poesia, mas relaciona-se, creio eu, com o que se sabe sobre a tendência do poeta, que talvez inclua muita aspereza e franqueza dura.

Depois de um tempo, enquanto estava na Feira do Livro de Abu Dhabi, soube pelos meus amigos Gaber Asfour e Hatem Al-Sakr que havia uma reportagem sobre Hegazy ganhar o Prêmio de Poesia, publicada naquele dia no jornal dos Emirados Al-Ittihad. Encontrei na matéria, escrita por um jornalista do Cairo, uma distorção significativa da verdade e uma distorção do que disse na reunião da comissão.

Imediatamente, escrevi uma resposta à referida matéria e conosco estava o supervisor da seção cultural do jornal Al--Ittihad, Dr. Salman Kased, que publicou a minha resposta ao que foi afirmado no texto, mostrando a incrível singularidade e profundidade da poesia de Muhammad Afifi Matar. Minha insatisfação foi tão grande que liguei para o Dr. Al-Masadi e ele ficou surpreso com o que constava na reportagem publicada sobre o prêmio, mas não esteve comigo para iniciar uma batalha jornalística inútil e eu poderia travá-la sozinho.

Muhammad Afifi Matar, um dos mais importantes poetas modernistas árabes, continuará a ser um talento estabelecido em narrativas de terra, conhecimento e imaginação fértil. A sua morte continuará a ser uma grande perda pessoal e cultural e esta dor foi agravada pelo assassinato da sua viúva, a estimada escritora Sra. Nafisa Qandil, de forma horrível. Um poeta cuja modernidade poética é inseparável de uma profunda filiação ao presente e de uma grande consciência das coisas mais belas da nossa herança poética, espiritual e lendária:

> *Ele vem como uma nuvem*
> *Erguendo-se do crepúsculo dos rios...*
> *O campo o segue, denso e claro, seguido pela linguagem...*
> *Um resto da noite sobrou em seu manto e em suas mãos*
> *ásperas, da sua imaginação assustadora*
> *nasce o início do dia...*
> *Um poema que ainda não está completo...*
> *Suas costas quentes são esfregadas com luz e ar.*
> *Um viajante na lama:*
> *Entrega a metáfora apenas à metáfora*
> *O outono é o mestre do mito,*
> *A luxúria é filha da morte,*
> *Filha da água...*

Tenho uma amizade especial com o Dr. Ezzedine Ismail desde os tempos de Sanaa. Estações que me são caras e que não são facilmente esquecidas. Os nossos encontros nas reuniões do

Dr. Abdulaziz Al-Maqaleh, a discussão de teses universitárias, o seu distinto relatório científico sobre a minha pesquisa para promoção e as minhas muitas participações em conferências de crítica literária que ele supervisionou até seus últimos dias. Ele tinha uma personalidade influente. Conheci-o primeiro através dos seus artigos na revista Al-Adab, depois dos seus esforços subsequentes na crítica, tradução e supervisão da revista Fusoul, que representaram uma mudança no desenvolvimento do discurso crítico árabe e na abordagem aos textos.

Ele me ligou um dia, quando eu trabalhava como professor na Universidade dos Emirados Árabes Unidos. Esse chamado foi alegre e surpreendente em mais de um sentido. Foi nosso primeiro telefonema e ocorreu durante o horário de trabalho. Deve haver algo que exija tudo isso. No dia seguinte, recebi um telefonema do filho dele. O Dr. Ezzedine Ismail pretendia submeter-se a um importante prêmio árabe de crítica. Uma das condições para este prêmio era que a indicação não fosse pessoal, mas sim por meio de uma universidade ou instituição de pesquisa. A questão não foi fácil. Onde temos tempo suficiente para terminar um tópico como este? Eu estava muito nervoso, como se estivesse enfrentando um teste de amizade e lealdade geracional. A atitude dos meus colegas do departamento foi inesquecível, pois compartilharam do meu entusiasmo e amor.

Depois de dias agitados de acompanhamento, estava no meu escritório do departamento e foi um dia excepcional que encheu todo o meu ser de uma alegria especial. Finalmente conseguimos alcançar o que é difícil de imaginar neste curto período. A carta da Universidade dos Emirados Árabes Unidos nomeando o Dr. Ezzedine Ismail para o prêmio estava aguardando assinatura. Empurrei o jornal que estava à minha frente e estendi a mão ao telefone para lhe dar a boa notícia. O jornal caiu sobre minha alma, pesado e chocante, como uma pedra: o Dr. Ezzedine Ismail deixou nosso mundo para sempre naquele dia.

4

Não imaginei, numa das minhas contribuições literárias, que o inverno do Cairo pudesse ser tão frio. No entanto, gostei indescritivelmente: não me impediu de visitar amigos, percorrer as bibliotecas do Cairo, visitar os seus marcos arqueológicos ou participar de algumas das suas atividades literárias e artísticas. O tempo chuvoso do Cairo acrescentou uma beleza adicional à doçura das suas noites. Tudo no Cairo, ou cada parte dele, gerava cada vez mais conflitos à noite. As árvores, ruas, edifícios, pessoas e pássaros nas torres foram adquirindo, devido à noite e à chuva, um novo sabor e textura que nunca tinha experimentado antes. Khan Al-Khalili, por exemplo, torna-se mais brilhante num momento como este; quando a chuva se mistura com a luz e a noite ressoa com o toque do cobre e as suas vielas estreitas estão cheias do cheiro de churrasco, tabaco e as ligações dos fornecedores.

Numa das minhas visitas ao Cairo, no segundo dia após a minha chegada, fui ao Conselho Supremo de Cultura visitar o meu amigo crítico Gaber Asfour. A minha visita não foi apenas uma visita a uma instituição cultural enorme e extremamente vital. Durante a minha conversa com Gaber Asfour no seu escritório, e perto do Nilo durante o almoço, tive a profunda sensação de que o horizonte cognitivo e humanitário que este grande intelectual possui e a vitalidade crítica e analítica que os seus escritos encarnam fazem dele um dos grandes iluminados cujo papel foi além do seu ambiente local para o mundo árabe. Entre suas características na amizade está a extrema doçura e a atenção aos detalhes significativos. Quando ele encontrava um amigo, numa reunião de convidados, por exemplo, não o cumprimentava com pressa, mas sim com a saudação afetuosa de um querido, que partilhava uma memória distante ou um acontecimento. Lembro-me dele uma vez em que fui convidado para um dos fóruns de poesia do Cairo, vindo de Sanaa. Depois de me cumprimentar, ele me perguntou sobre o grande poeta do Iêmen e sobre nosso amigo em comum, Dr. Abdulaziz Al-Maqaleh, então ele me surpreendeu com uma pergunta que eu não esperava.

Ao saber que meu quarto de hotel dava para a cidade, pediu para ser transferido imediatamente para um quarto com vista para o Nilo: acreditava que o poeta da água e a civilização dos rios deveria estar voltado para o Nilo e não para os blocos de cimento. Foi assim que ele se dirigiu aos supervisores de alojamento de hóspedes. Um toque que contém muita sofisticação, lealdade e amizade, apesar da simplicidade. Ele misturou cultura profunda com diversão e alegria refinada, sem ser injusto um com o outro. Ele não usava a máscara de uma cultura taciturna e sua alegria e calor de personalidade não faziam você esquecer que estava próximo de um monumento sólido de cultura e crítica. Ele tinha muito tato, nunca tinha opiniões estreitas e nunca acalorou os debates.

A escada de descida na jornada de Gaber Asfour começou, ao que parece, com uma morte familiar, como se a família estivesse em um encontro com o cheiro da morte que vagava pela casa descalça: sua filha morreu e ele ficou fatalmente doente, as belas palavras em seus lábios ficaram estagnadas, a escrita deixou de ser selvagem e sua esposa morreu, para apagar o cheiro de tinta e a boa saúde.

Meu último encontro com Gaber Asfour foi no Fórum de Poesia Árabe do Cairo, em 2020, pelo que me lembro. Ficamos conversando no salão de comemorações antes de começar o anúncio do prêmio, concedido ao poeta do Bahrein, Qasim Haddad. Ele contava, com alegria mesclada de cansaço, algumas de suas lembranças de Bagdá. Suas mãos tremiam e não conseguiam acompanhar as palavras, que pareciam lentas e hesitantes, embora ele ainda tivesse um pouco de sua alegria habitual. Eu o acompanhava e sentia que havia uma carga intelectual e cultural significativa sendo carregada por um corpo que havia sofrido muito com as tristezas e a doença.

Minha dor por ele foi pessoal ao extremo e geral até os confins da cultura. A nossa relação estava afogada nos detalhes de uma verdadeira amizade, da qual Gaber Asfour continuou a cuidar generosamente de Bagdá a Sanaa e aos Emirados Árabes. Uma amizade que nunca chegou a esgotar-se, apesar de todas as circunstâncias pelas quais ambos passamos, e uma natureza que sempre representou uma das qualidades estabelecidas na sua personalidade e que está próxima de muitos. Saímos depois dele deixar a floresta de palavras cheias de luz e farfalhar, como disse na dedicatória da segunda edição do meu livro *Sonho, consciência e poema*, de 2022.

5

O Cairo é uma cidade desconcertante no belo sentido da palavra. Oferecem-lhe sempre, com genuína generosidade, um grande número de opções atrativas para desfrutar do seu tempo. A companhia de amigos, as alegrias sem fim do Nilo, as representações teatrais, os cafés literários, as grandes obras musicais, as bibliotecas, as editoras, as feiras do livro e as instituições culturais. Museus, sítios arqueológicos, Khan Al-Khalili.

Uma das características da noite do Cairo, em particular, é que é muito rica: coloca à sua disposição diversas possibilidades que tornam a sua noite mais uma noite emocionante e especial ao máximo. Tive a oportunidade de assistir a diversos eventos teatrais e musicais, além dos eventos da feira do livro, que ocupavam parte das noites e dos dias das pessoas.

A noite apresentada pelo brilhante artista Naseer Shamma continua sendo uma das coisas mais belas que ficarão guardadas na memória e iluminadas pela alma. Estava esperando por ela há muitos anos. Quando ele me convidou, eu havia feito reserva para voltar a Dubai naquela mesma noite. Naquele momento, percebi que assistir Naseer Shamma tocar o alaúde era um acontecimento que nem sempre se repetiria e um prazer que não me impediria de qualquer outro compromisso.

Dois dias antes daquela noite especial, passamos uma bela noite em seu apartamento, onde sua esposa, a poetisa síria Lina Tibi, preparou um jantar iraquiano inesquecível. Estavam conosco naquela noite, se não me falha a memória, vários amigos em comum: Salah Fadl, Samir Sarhan, Gaber Asfour, Farouk Shousha. Nesse encontro, descobri um lado humano muito bonito em Naseer Shamma. Além de seu carisma criativo, ele tem uma presença pessoal incomparável, um espírito de diversão inteligente e é um contador de piadas com belo tato e estilo.

    A sala de ópera estava lotada: o público fluía energicamente e empurrava-se suavemente, a sala estava se enchendo de assentos adicionais e a expectativa e a alegria estavam presentes em todos os lugares. Naseer Shamma subiu ao palco carregando seu delicado alaúde.

    Desde que caiu a primeira gota de música, quer dizer, desde o primeiro contato entre os dedos de Naseer Shamma e as cordas do seu alaúde, senti como se este incrível artista tivesse dado ao instrumento uma capacidade adicional que não estava ao seu alcance anteriormente: ele acendeu todas as suas possibilidades com uma engenhosidade maravilhosa e uniu-se a ela até que se tornou uma extensão da loucura de suas mãos e do prazer de seus dedos. Todo o alaúde se transformava em música fluida. Assim, não é ouvir apenas Naseer Shamma, como também a herança do Iraque e a sua corajosa história.

    Aqui, o alaúde deixa de ser apenas um instrumento para tocar e torna-se um soluço extenso: ora tenso, ora suave. Depois, ele continua a ficar mais suave até você pensar que é uma planta que surge de repente na seda do sono. E a cada vez que ouço este ilustre músico, o poeta Sargon Boulos me vem à mente com seu belo poema *Dimensões*, que parece ter sido escrito por Naseer Shamma em uma de suas manifestações musicais:

> *O músico está no seu canto*
> *Abraçando seu alaúde com mansidão, como se estivesse ouvindo*
> *Na barriga de uma grávida enquanto seus dedos*
> *Acarinhando as cordas...*

Exeter, Al-Bayati e os sinos distantes

1

Num avião da Iraque Airlines, eu estava indo para a Grã-Bretanha estudar, na segunda semana de abril de 1980. Aquele dia foi cheio de ansiedade; deixei Bagdá com a sua atmosfera política nebulosa e as expectativas das pessoas abertas ao máximo. Tudo tinha uma sensação visível, que se via nas paredes, nas estradas e nos olhos das pessoas.

Abril foi realmente o mês mais cruel, como diz Elliott? Estaria ele trazendo lilases da pradaria morta e misturando nossas memórias com desejos? Para mim, abril não foi um mês comum. Foi o mês mais estressante. Foi também, ao mesmo tempo, o mais bonito, pois reuniu, nas suas semanas, uma combinação inesquecível de detalhes e situações.

2

No segundo dia, estava a caminho da cidade de Exeter, onde estava minha nova universidade. Não esperava que o tempo estivesse tão ventoso e chuvoso. Corri em direção à entrada da estação de trem, debaixo de uma forte chuva. Era como se torrentes pesadas e contínuas caíssem sobre a cidade. Quando estava na plataforma, naquela manhã distante, tudo me parecia completamente novo: a estação de Paddington, o trem para Exeter e a chuva forte. Das janelas do trem em alta velocidade, pude ver uma das mais belas manifestações do incrível interior inglês. Pastagens, colinas verdes, florestas e rebanhos de gado ocupam seus lugares sob vastos céus. O trem, com seu rápido declínio, despertava muitas expectativas na alma. Enquanto olhava pela janela molhada, imaginei inúmeras imagens desta cidade para onde me dirigia naquela manhã de neblina. Depois de chegar na estação da cidade, fui direto para a escola de idiomas. Quão grande foi minha surpresa ao descobrir que tudo estava preparado enquanto esperava minha adesão ao novo curso: a turma, os livros didáticos e a moradia com uma família britânica.

A primeira coisa que me chamou a atenção na cidade é que ela é relativamente pequena, espalhada ao redor de um conjunto de rios e terrenos ondulados. Eu não conhecia esta cidade quando me inscrevi para concluir meus estudos lá, mas me lembro bem do que Jabra Ibrahim Jabra disse sobre ela em sua autobiografia *Rua das princesas* e também me lembro de alguns nomes dos críticos que se formaram em sua universidade. Abdullah Al-Ghadhami, o polêmico crítico, foi um de seus graduados. O xeique Mohammed bin Sultan Al Qasimi, governante de Sharjah, era um dos alunos do Centro de Estudos do Golfo da universidade. Entre os nomes que lecionaram ali, estavam Aziz Al-Azma, que tinha opiniões intelectuais ousadas, e Rashid Al--Anani, especializado em Naguib Mahfouz.

3

Os prédios da universidade foram distribuídos em um subúrbio de colinas verdes. E o teatro North Cote era um de seus marcos encantadores. Obras teatrais conhecidas eram frequentemente apresentadas nele. O Departamento de Língua Árabe não havia se mudado, naquela época, para os novos prédios da universidade. E isso se aplica ao Centro de Estudos do Golfo. Ambos estavam em uma construção compartilhada localizada fora dos prédios da universidade, mas não muito longe deles.

O falecido Dr. Muhammad Abdel-Hay Shaaban, chefe do Departamento de Língua Árabe, foi a primeira pessoa que conheci naquele dia. Uma personalidade absolutamente brilhante. Ele era, essencialmente, o professor de história islâmica e era amplamente conhecido por sua coragem em olhar a história e a vida em conjunto. Ele, apesar do rigor acadêmico, tinha uma figura paterna simpática. E mesmo com a idade relativamente avançada, tinha uma mentalidade muito flexível. Os seus escritos sobre a dinastia Omíada, por exemplo, continuam a ser uma prova viva da sua tendência cognitiva para inovar e reconsiderar os pressupostos da história. Quando entrei em seu escritório para cumprimentá-lo, ele me recebeu com muita alegria. Ironicamente, ele tinha em mãos a nova edição da revista iraquiana Funoun e estava lendo uma entrevista minha à imprensa incluída nessa edição.

Jack Smart, o escocês que orientou minha dissertação sobre Abdul Wahab Al-Bayati, não era menos interessante que o Dr. Shaaban, embora tivesse apenas quarenta anos na época. Ele era extremamente inteligente e distinto e era fluente em mais de quatro idiomas, incluindo árabe, persa e espanhol, e tinha uma personalidade cativante.

Em sua juventude, ele viveu uma vida prática e acadêmica muito emocionante. Na Universidade de Cartum e na Universidade Al-Azhar e entre as tribos beduínas na fronteira do Egito com a Líbia. Combinou as profissões de operário, músico, acadêmico e aventureiro. Ele era fascinado pela poesia pré-islâmica e pela sua atmosfera e isso o levou, como me contou numa entrevista à imprensa publicada na época pela revista Al-Aqlam, a viver longe do centro da cidade de Exeter. Na sua própria fazenda: entre rebanhos de gado e gansos, entre os seus cavalos de raça pura e os seus livros, onde nas suas mãos e ao alcance da sua imaginação estão as nuvens, a catedral da cidade e a extensão dos pastos.

4

Não me escapou à mente, quando escolhi Al-Bayati como tema de estudo, que a maioria daqueles que se opuseram a isso seriam aqueles que não leram verdadeiramente Al-Bayati ou aqueles cujas batalhas pessoais os afastaram da justa contemplação de seus poemas e sua atmosfera artística e visionária.

A escolha nasceu de um sentimento de certeza de que Al-Bayati não tinha sido lido de forma justa. A cultura popular continua a moldar as nossas reações a ela, tanto vivas como mortas. Talvez sua vida pessoal tenha sido um fardo para seus poemas em muitas ocasiões. Parece que a aversão aos seus debates violentos atrapalhou muitos dos mundos da sua poesia que o distinguiram da sua geração e das gerações subsequentes.

Em sua poesia, Al-Bayati dedicou a imagem do ser humano marginalizado, indefeso, amaldiçoado e exilado e fez dela parte de seu querido tom poético. Assim, deixou uma marca em poetas de várias gerações, e seu poema, com suas frases curtas, seu tom comovente e a diversidade de seus ritmos, permaneceu uma tentativa constante de elevar o cotidiano e o transitório a espaços míticos e de sufismo cheio de tensão...

Ao escrever sobre ele, queria dizer uma palavra diferente sobre Al-Bayati, uma palavra que não o deifica nem o nega. Não o elevando, como fizeram seus louvadores, ao nível da lenda. Nem deveria continuar a massacrá-lo para desabafar a sua raiva por comportamentos que estavam fora dos seus textos, como fizeram muitos dos seus oponentes. Minha diferença em relação a muitos daqueles que o estudaram antes de mim começou com o título. Enfrentei problemas técnicos e semânticos em que a questão nem sempre pode ser resolvida a favor de Al-Bayati. A deificação de Al-Bayati enquanto ele estava vivo e depois o seu enterro poético após a sua morte foram dois aspectos de um estado de hipocrisia e duplicidade na nossa cena cultural. Nós e mais ninguém estivemos por trás de ambos os casos e certamente fomos injustos num deles, sem dúvida.

5

A cidade de Exeter, e na verdade todo o condado de Devon, estava repleto de colinas, vales e florestas espessas. No desejo de permanecer em contato com aquela natureza, optei por morar, no último ano de minha estada ali, em uma pequena cidade, a aproximadamente trinta quilômetros da Universidade de Exeter. A estrada daquela aldeia espalhada pelas colinas até Exeter é um dos mais belos e imaginativos prazeres diários. No meio desta natureza gotejante de orvalho, Wissal e Khayal, ainda crianças, passaram quatro anos de sua doce infância. Divertiam-se, com uma alegria avassaladora, sob as nuvens e os bandos de pássaros extasiados naqueles vales. Eles são atraídos pelos presentes que a natureza lhes dá, especialmente pelas cenas de neve caindo nas casas, árvores e calçadas. Para elas, aquela cena foi uma festa inesquecível.

Muitos dos poetas e romancistas ingleses viveram neste condado encantador, sendo os mais famosos: Jane Austen, C. S. Lewis e Ted Hughes. Hughes pode ser o mais associado a Exeter. Ele construiu sua lenda com base em uma série de fatos poéticos e pessoais que estimulam a imaginação: seu amor pela poetisa americana Sylvia Plath e seu trágico casamento, o suicídio dela e o subsequente suicídio de seus filhos que teve com ela. Muitos dos seus poemas eram sobre a natureza de Devon e seus pássaros e animais. Ele alcançou uma glória poética tão pródiga que os críticos o consideraram um dos poetas mais importantes da Inglaterra no século XX. Quando ganhou o título de poeta laureado em 1983, os sinos continuaram a tocar nas estações ferroviárias de Devon e Exeter. Após sua morte em 1998, em Londres, sua lenda teve que ser concluída em Exeter, então seu corpo foi levado para lá para ser cremado e suas cinzas enterradas em seu solo macio.

A cidade de Exeter fervilhava de muitas atividades: o teatro universitário estava repleto de apresentações teatrais durante todo o ano e o Centro de Estudos do Golfo também realizava seminários e conferências políticas e culturais que aconteciam todos os anos. Além disso, a Faculdade de Artes realizou seminários especializados em literatura, crítica e outras humanidades.

Durante os meus estudos na universidade, foram realizadas duas conferências abrangentes sobre o Iraque no Centro de Estudos do Golfo, em dois anos consecutivos, durante as quais foram apresentados diversos eventos culturais, políticos e artísticos. Entre os nomes que contribuíram para estes fóruns, estava um grupo de pesquisadores, liderado por Hanna Batatu, Abdul Amir Al-Anbari, Saleh Jawad Al-Kadhim, entre outros. Assistimos também a uma noite iraquiana inesquecível, na qual brilhou a cultura poética e musical iraquiana, Saadi Al-Hadithi e a Banda de Artes Folclóricas de Basra. Entre as atividades literárias de destaque realizadas na universidade, estavam leituras de poesia apresentadas pelo poeta britânico Charles Tomlinson. As leituras fizeram parte de um simpósio sobre literatura e o sentido do lugar, sobre o qual foram divididas em vários eixos relacionados, como na poesia, no romance e no teatro. Houve uma feira do livro paralelamente à conferência. Quando o poeta entrou na sala, havia um grande grupo de alunos de pós-graduação, especificamente do Departamento de Inglês. Alguns deles carregavam cópias das coleções de Tomlinson e suas obras poéticas completas estavam nas mãos de vários outros estudantes. No início, o poeta mencionava os títulos dos poemas que leria para o público. Assim, foi possível ao aluno continuar lendo, com o poeta, seus poemas que corporizam a temática do local.

6

Há muitas coisas nesta cidade que não consigo esquecer. Aquela família boa, pequena e tranquila, que foi a primeira família com a qual o instituto de línguas me mandou morar. Uma família britânica por excelência. Um casal sem filhos, embora ainda fossem quase jovens. Cada um deles tinha um trabalho que exigia contato diário e amplo com as pessoas: ela, enfermeira em um dos hospitais da cidade e ele, distribuidor de correio. Eles eram muito amigáveis. Com eles conviviam apenas dois cães de grande porte, como se fossem, pela extrema vitalidade, dois lobos ágeis. Eles tratavam esses dois cachorros como se fossem os filhos que ainda não haviam tido ou como se fossem um sonho que um dia não se realizaria.

    Este casal saía frequentemente com os seus cães para participar em eventos diversos, como concursos de beleza corporal, ou para passear nos parques da cidade ou nos seus subúrbios, que se estendem, até se dissolverem, no abraço do campo. Principalmente, insistiam que eu os acompanhasse, no fim de semana, a uma das cidades costeiras espalhadas pelo condado de Devon, como Axmouth, Torquay e Sidmouth.

Lembro-me de que um dia saímos juntos para uma das cidades costeiras. A estrada até a cidade era mágica. O mar, com a sua extensão ensolarada e nuvens brancas, proporcionava-me uma sensação inesquecível de relaxamento e alegria. E contemplar pessoas imersas em suas alegrias gerava uma sensação de felicidade e vitalidade.

A elegante senhora inglesa era cheia de carinho pelos dois enormes cães, tratando-os com muita gentileza e maternidade. Durante o trajeto imerso em densos pastos verdes, ela pedia ao marido que parasse o carro na beira da estrada para que os dois cachorros, ou um deles, pudessem fazer suas necessidades, o que aconteceu mais de uma vez durante a viagem. Eles aproveitavam a longa pausa, como se estivessem em êxtase diante da presença deslumbrante da natureza, enquanto o casal os contemplava com a paciência de pais afetuosos.

Numa manhã muito fria, desci do meu quarto no segundo andar para a sala onde todos costumavam tomar café da manhã. Um dos dois cães ainda estava deitado ao lado daquela mulher, relaxado e majestoso, com um véu desbotado de sonolência sobre ele. E naquele exato momento, o outro cachorro me encontrou na porta do quarto, aparentemente prestes a sair depois de tomar seu café da manhã. Quando me sentei na cadeira, o lugar ainda estava quente, apesar da neve que caía, branca e clara, atrás da janela.

Que terna união familiar e que mimos que talvez só convêm a uma criança nascida de pais que experimentaram durante muito tempo a amargura da privação. Foi o que eu disse dentro de mim naquele momento e digo hoje com ainda mais tristeza, enquanto uma sensação dolorosa passa no fundo da alma. Alguns dos nossos filhos de hoje, devido às suas circunstâncias injustas, podem não encontrar parte da maternidade abundante que esta senhora inglesa carregava. As sociedades não têm a mesma riqueza que nós, mas esbanjam todo esse carinho até nos cães, enquanto os nossos filhos sofrem, todos os dias, em sociedades que, apesar da sua riqueza, não lhes conferem nada além de orfanato, lágrimas e privação abundante.

7

No segundo ano, recebi uma carta do Conselho Universitário aprovando minha inscrição no doutorado em vez do mestrado, com base em recomendação do departamento apoiada em relatório do professor orientador. Tive que reconsiderar minha percepção sobre o tema de pesquisa proposto e ampliar a lista de fontes. Aqui, o contrato deve ser alterado pelas autoridades oficiais. Para conseguir isso, deve haver um monte de dificuldades: acompanhamentos, mediações, intenções e interpretações errôneas. Um problema que quase destruiu todo o meu futuro acadêmico. Em Bagdá, no clima de guerra e das suas transformações devastadoras, não é fácil conseguir que alguém nos ouça relativamente a uma exigência como esta. Há muitas opiniões esperando por você nas portas e, na melhor das hipóteses, isso se você tiver boa consideração, será um dos dois: ingrato ou indiferente ao sofrimento do país nessas circunstâncias.

Chegar ao ministro do Ensino Superior não teria sido fácil, naquele ambiente excepcional, não fosse o cargo de Taha Yassin Al-Ali, que conheci de perto quando era subsecretário do Ministério da Cultura e Informação. Na hora marcada para a reunião, havia uma distância exaustiva entre a porta da sala do ministro e o gabinete do seu secretário particular. Ele me recebeu calorosamente. Porém, outro sentimento tomou conta de mim antes de começar a falar sobre meus estudos. Outra distância que separava minha linguagem da do ministro era representada por aquela ampla e fria mesa de escritório de vidro.

Mas isso não durou muito. Fiquei aliviado quando o ministro deixou sua luxuosa cadeira giratória minutos depois. Sentamo-nos em duas cadeiras, uma de frente para a outra.

Mas o fato de se sentar perto de mim não o tornou mais interativo com o tema da minha reunião com ele, até que me pareceu que o gesto de se sentar tão perto de mim era uma mensagem de afeto ao professor Taha Yassin Al-Ali, pois estavam ligados, como ouvi, por um forte relacionamento organizacional. Talvez ele quisesse implicitamente que ele expressasse sua gentileza quando sacrificou, por minha causa, o luxo de seu escritório por alguns minutos. Depois de apertar sua mão em despedida, senti que estava me afastando de uma linguagem oficial envolta em muita fumaça e promessas insatisfatórias.

Saí da entrevista com o ministro do Ensino Superior diante de duas opções, cada uma delas igualmente amarga: contentar-me com um mestrado conforme estipulado no contrato ou continuar meus estudos de doutorado, mesmo que tivesse que violar o que assinei e as consequências que daí adviessem, como perder o emprego ou ter em jogo a minha pertença ao país. Contudo, uma combinação de elementos de amor e encorajamento resolveu toda a situação. Alguns amigos aumentaram meu nível de fé nas decisões que estava tomando. Outros chegaram ao ponto de fornecer um apoio inesquecível.

Em Exeter, o chefe do departamento Dr. Abdel-Hay Shaaban estava comigo com pura paternidade e o contador de histórias Najman Yassin estava crescendo em um raro espaço de carinho. Naquela época, ele trabalhava como funcionário da Missão Cultural de Londres. Ainda me lembro da pergunta dele, que evita toda confusão: você quer a opinião do amigo ou do funcionário? Fiquei surpreso quando ele transcendeu sua amizade em qualquer capacidade oficial dizendo: conclua seus estudos de doutorado mesmo que considerem que você está violando o contrato.

8

Em meados de novembro de 1983, numa manhã chuvosa, eu estava sentado com os professores Abdel-Hay Shaaban, Jarir Abu Haidar e Jack Smart para defender a minha tese de doutorado. Foi um momento muito tenso: eu estava na sala de defesa, minha esposa estava esperando lá fora e minhas duas filhas estavam no jardim de infância. Estávamos espalhados, mas compartilhando o mesmo momento único. A discussão de Jarir Abu Haidar demonstrou grande conhecimento e gentileza e focou na abordagem utilizada na redação da tese, mais do que nos níveis processuais. No entanto, ele acreditava que a comparação entre Al-Bayati e Adonis favorecia Adonis em mais de um lugar. Após o término da discussão, ele me entregou uma lista de algumas palavras em inglês que não estavam isentas de erros ortográficos.

Fiquei feliz, ao ponto do êxtase, com o resultado da defesa. Porém, uma tristeza transparente foi invadindo minha alma aos poucos: era a contagem regressiva para sair deste lugar cheio de beleza, juventude e emoções inesquecíveis. Naquele momento, Adão descia do seu paraíso e eu inaugurava uma era de oscilações e reviravoltas intermináveis:

> *Aquele bar antigo*
> *Ilumina suas cadeiras à noite e os frequentadores...*
> *Aquela senhora simpática e aquele menino...*
> *De tristeza e loucura...*

Quase duas semanas depois, o trem nos afastava de Exeter, acelerando na madrugada fria. Minha filha Wissal virou-se para a cidade para se despedir em um inglês choroso: adeus, Exeter, para sempre. A criança de oito anos sentiu a dificuldade desse sonho desde o início? Ela não estava sozinha, mas estávamos todos acenando para aquela cidade que nunca mais veríamos, juntos:

> *Exeter*
> *Exeter...*
> *O calor de um sonho que passo...*
> *O calor da ilusão que vai passar...*
> *E me deixa saudoso como a chuva...*

9

Voltei três vezes a Exeter: vindo, em 1986, de Caracas para Londres com o Dr. Mohsen Al-Moussawi, quando visitávamos a Venezuela como delegados do Sindicato dos Escritores. Outra vez quando participei da Conferência de Literatura Árabe organizada pela Universidade de Exeter em 1994, onde participei da pesquisa sobre a técnica de mascarar na poesia de Mahmoud Darwish.

Minha terceira visita, em 2013, foi com minha esposa. Passamos uma semana em alojamentos universitários para estudantes de pós-graduação e passamos uma noite inesquecível com o Dr. Rashid Al-Anani e sua família. A nossa antiga casa, na cidade de Crediton, teve uma forte influência na alma. Senti que aqueles trinta anos estavam agora a emergir da sua pesada ausência. A estrada que subia a colina, onde ficava a nossa antiga casa, ainda estava impregnada do cheiro dos nossos primeiros passos.

A nossa visita não se limitou apenas à universidade, ao centro da cidade e à sua majestosa catedral, mas fomos ao Fisherman's Coat, um pequeno balneário que costumávamos visitar durante os nossos tempos de escola, um arco sob o qual a água corre com uma vitalidade excitante e uma floresta onde se espalha um conjunto de casas de madeira muito espaçadas, pertencentes ao balneário.

Este lugar tinha um sabor poético especial criado por uma série de elementos psicológicos e geográficos. É tão estranho quanto encantador. Desde que o visitei pela primeira vez, este lugar não deixou de me enviar os seus repetidos apelos emocionais até aparecer com toda a sua violência e frescor no poema *Dois amantes*, no qual o Dr. Kamal Abu Deeb fez uma bela pausa em um de seus importantes estudos sobre os métodos de percepção e formação do texto literário:

> *A brisa sopra levemente ao amanhecer:*
> *Sob o orvalho, um arco de pedra agora relaxa...*

Dois copos cobertos com a espuma da noite...
Carvões velhos...
Uma cama, dois amantes adormecidos...
E ao redor deles havia uma cúpula de fragmentos da noite...

A grande dama e sua inacabada morte

1

Depois de concluirmos os procedimentos de chegada em uma atmosfera apreensiva, saímos do salão de uma luz pálida para uma noite muito escura em Bagdá. Não presenciamos o que os viajantes costumam testemunhar: nem a ansiedade dos que aguardam, nem a confusão ou pressa de quem se despede. Bagdá estava imersa na escuridão e no medo e havia apenas luzes fracas e películas escuras coladas nos vidros das janelas por toda parte.

Eu estava vindo de Londres para visitar a família em Bagdá e isso foi em 1981, quando a guerra entre o Iraque e o Irã estava no auge. Naquele momento, senti que a morte havia espalhado seu cheiro por toda parte: no ar e na água. No farfalhar das palmeiras e nas calçadas. Nas conversas das pessoas, nos seus olhares e nas suas músicas.

Nunca me ocorreu que a minha viagem não seria apenas uma mudança de lugar: entre Londres e Bagdá ou entre cidades repletas de neblina, frio e a agitação da vida e cidades consumidas por bombardeios e incêndios e esvaziadas todos os dias de seus filhos indo para os fronts. Fiquei imerso numa grande viagem entre duas partes de tudo o que me é íntimo e querido: entre duas partes da alma, o corpo e a memória.

A morte era comum e tangível, em certo sentido, uma morte geral, uma morte absoluta, sem características. Por outras palavras, todas as pessoas suportaram a sua parte da morte que acontecia sem discriminação. Assim, esta morte não era mais uma morte individual, pertencente à própria pessoa e a mais ninguém. E não esperava me tornar essa pessoa e que minha parte nessa morte universal fosse enorme e pessoal em uma extensão inimaginável.

2

Minha família e amigos prepararam tudo para que a tragédia parecesse menos terrível do que realmente era e para que eu recebesse o choque da notícia da morte, a morte da minha mãe, com o menor efeito possível e maior capacidade para aguentar. Cada um deles mobilizou sua memória e preparou o que poderia ser dito em uma ocasião tão triste a partir da literatura para aliviar a dor ou encorajar o consolo. Algumas pessoas me lembraram de encontrar alívio para minha própria dor no domínio e na universalidade da morte, enquanto outras me incentivaram a orar a Deus em gratidão porque meu irmão mais velho, que estava nas frentes de batalha na época, ainda permanecia vivo.

Porém, tudo isso não resistiu ao vento forte e escuro da perda que soprava em mim naquele momento. Quando me recepcionaram enlutados, não prestava muita atenção às frases prontas que costumavam dizer a todas as pessoas, em todos os funerais e sobre cada falecido. Senti que eram palavras fabricadas, prontas e não eram dignas da rara dor que dilacerava a minha alma. Passei por todos eles e fui, como costumava fazer antes, para o quarto dela, que estava lotado de saudade e espera ansiosa. Só então percebi que ela realmente havia partido, levando consigo a bela metade do meu mundo.

Minha tristeza foi grande, a grandeza do meu amor por aquela mãe batalhadora e principalmente a particularidade do meu relacionamento com ela. Minha ferida permanece, até agora, solitária e difícil de curar e permanecerá tão profunda quanto o vazio que deixou em toda a minha existência. Duas semanas inteiras de grande isolamento e luto constante. Eu não queria que ninguém os estragasse para mim, por mais próximos que fossem: nem mesmo minhas filhas, Wissal e Khayal, e até mesmo minha esposa, que estava tão desolada quanto eu. Era como se estivesse saboreando essa tristeza, como se com ela estivesse me purificado de algum pecado: minha viagem para longe dela ou a minha ignorância de sua morte até este momento.

Depois de sua partida, tive a sensação de que meu relacionamento com todos ao meu redor era fraco e carecia daquela compaixão espontânea e calorosa que minha mãe costumava dar de graça. Senti, por exemplo, que a casa do meu irmão já não era o que era e que todos os meus irmãos já não eram os mesmos irmãos e que havia algo, fundamental e no centro da minha relação com os outros, que ela tinha levado junto. Talvez tenha sido a emoção incrível ou a enormidade da espera ou a emoção, apesar da distância, com a sensação de angústia que me tomava, um sentimento que só as grandes mães costumam ter.

Uma das coisas que renovava a minha tristeza por ela, que se tornou sempre acesa, foi que a família havia escondido de mim a notícia de sua morte por muitos meses em consideração às circunstâncias tanto do estudo quanto do exílio. Não era o suficiente para mim que ela não tivesse morrido em minhas mãos? E que estava atormentado pelo remorso porque ela não me viu enfrentar a morte para defendê-la em seus últimos momentos? Não fico triste que minha dor por ela tenha chegado tão tarde: ela não ouviu, não viu e não viveu? Então não é natural que tal tristeza permaneça quente e renovada enquanto eu viver?

3

Depois de regressar definitivamente da Grã-Bretanha, tive de visitá-la no cemitério de Dar Al-Salam, em Najaf, para que a sua morte tomasse a sua forma definitiva, pois a sua partida, dentro de mim, era mais uma ideia do que uma realidade. Foi uma morte incompleta, ou um luto incompleto: pois não tinha entrado no cemitério onde ela foi sepultada, nem visitado o seu túmulo, nem lido, com olhos lacrimejantes, o seu nome em alguma lápide.

Quando entramos no cemitério, minha esposa e eu, fui consumido por uma obsessão que não ousei expressar. Eu estava tentando escondê-la, e até da minha esposa, porque se espalhou entre nós um boato, antes de eu voltar do exterior, de que algumas passagens foram feitas dentro do cemitério por motivos de segurança e que quem não carregasse os ossos de seus mortos para um lugar seguro poderiam não encontrar vestígios deles depois de terem sido misturados, talvez, com o novo asfalto das ruas do cemitério ou desintegrados como pó sob os pés dos transeuntes.

Adentramos entre as sepulturas que se abraçavam e nosso guia naquela floresta da morte era um homem que havia sido, por muitos anos, o responsável pelo cemitério da família. Passamos cerca de metade do dia procurando. Muitas evidências estavam me chamando. Eu conhecia bem alguns de seus proprietários e estava ligado por puro amor a outros e não havia o túmulo de minha mãe entre eles. Algumas dessas lápides estavam trincadas, quebradas ou desbotadas, enquanto outras estavam em melhores condições, apesar das cicatrizes e rugas deixadas por anos de poeira, vento e flutuações climáticas, e eu não tive lágrimas ou angústia suficientes para fazer justiça a todas elas. Depois que nossas bocas estavam quase cheias do cheiro da morte e da poeira do cemitério e estávamos prestes a nos render àquela tarde escaldante, o som do coveiro chegou até mim, pesado de cansaço, como se estivesse surgindo pálido das profundezas da terra:

– Aqui está o túmulo da senhora.

Assim, o meu encontro com a minha mãe, naquele dia nu, foi o encontro de um filho perdido que procura entre os fragmentos de ossos e a terra desolada a sua mãe, cujo coração secou de saudade e exaurido pela solidão. Ironicamente, o meu poema *O mausoléu da rainha* foi uma personificação desta jornada de investigação antes de ser realizada, e isso foi um ato de antecipação e não de recordação:

> *Senti o meu caminho...*
> *Nenhuma grama sabe onde fica o esconderijo da rainha*
> *Nem a areia sabe onde está o seu trono.*
>
> *Então o cemitério se expande...*
> *Organiza as suas pedras...*
> *E chora seus poços desertos...*

> *Às vezes expande, às vezes os estreita*
> *Eles se apoiam um no outro*
> *Então desde o início começa...*

4

O impacto que ela teve na minha vida foi inesquecível. O cheiro de sua Abaya ou da água de cheiro nas suas mãos ainda exalam da minha voz, dos meus poemas e da minha memória até hoje. Ela foi a razão pela qual entrei na escola. Com a sua insistência amigável sobre meu pai, ela foi a razão para o convencer a migrar da zona rural de Kut para Bagdá, apesar de ele ser, como uma árvore estabelecida, muito apegado à terra e às pessoas de lá.

Ela não sabia ler nem escrever, mas às vezes recitava poesia popular e memorizava muita coisa e ainda me lembro dela, nas noites de Ashura, recitando seus poemas exalando tristeza, enquanto as mulheres da aldeia e filhas ficavam reunidas ao seu redor com os cabelos soltos. Quando eu era jovem, sentia um prazer misterioso ao ouvir sua voz melodiosa. Ela parecia criar a sua própria dor pela aldeia através do seu tom comovente e da sua memória de poemas de luto.

Minha mãe tinha uma estatura suave e olhos delicados: uma personalidade caracterizada por tristeza às vezes, sarcasmo inteligente em algumas ocasiões e extrema seriedade em outras. Sua ligação com meu pai e seu ciúme dele eram o assunto das mulheres e, às vezes, o assunto de suas piadas. Quanto ela suportou, com profundo amor, sua aspereza, suas variadas esposas[24] e sua doença precoce. Ela foi sua primeira e mais jovem mulher. Mas foi ela quem mais se agarrou a ele e tolerou sua vida difícil.

Ela frequentemente nos contava, com alegria e entusiasmo, como expressou seu protesto contra seu terceiro casamento: essa foi a noite em que ele consumou seu casamento e era

---

[24] A poligamia é permitida na religião islâmica. Um homem pode ter até quatro esposas ao mesmo tempo.

quase meio da noite. Primeiro, levou consigo a segunda esposa, depois de convencê-la, com eloquência rural inteligente, de que a falta de sócios é mais benéfica do que a abundância deles. A coparticipação de duas mulheres em um homem é mais misericordiosa do que a parceria de três ou quatro.

Embora os casamentos de meu pai fossem desprovidos, ou quase, do que geralmente é comum em um homem que casa muito, como uma paixão confusa por mulheres ou um olhar para elas com paixão ardente, o que se espalhou sobre seu casamento naquela noite tornou-se o conversa da aldeia, entre homens e mulheres:

> *Uma gota de ouro*
> *Em uma xícara de barro?*
> *Mas um homem e duas mulheres...*
> *Ou três...*
> *Elas vieram dos últimos resquícios de vida*
> *Ou vieram do início da nostalgia?*

Assim, a minha mãe e a sua coesposa,[25] ou segunda esposa, uniram-se face a este perigo iminente e reuniram uma multidão de mulheres da aldeia que simpatizavam com elas ou que tinham passado por uma situação semelhante. Todas seguiram em procissão noturna desordenada e se dirigiram à casa do noivo, que veio até elas com seu grosso porrete, os olhos lampejando de raiva. Antes de chegar até elas, a procissão já havia se dispersado à vista das velhas da aldeia e de alguns homens se divertindo com a situação.

5

Não sei por que os poetas se conectam tanto com suas mães. Dificilmente encontramos um verdadeiro poeta que não tenha para a mãe um lugar especial em sua vida e

---

25 Coesposa refere-se à outra ou às outras esposas do mesmo marido.

em sua poesia. Parece-me que a mãe é a nossa primeira porta para o mundo inteiro: a criança separa-se do seu corpo macio, quente e jovem e depois afasta-se dela para outra mulher, para outro lar ou para a velhice que o espera no fim da estrada. Ao longo de toda a sua jornada, ele continua a sentir saudades do útero que deixou ou ansiando por um útero semelhante. Podemos encontrá-lo procurando por ela no rosto de cada mulher que ele vê: a mulher que ele ama, a mulher com quem se casa ou a mulher que ele toma como amiga, se for capaz de fazê-lo. Uma obsessão que surge em muitos de meus escritos, como no poema *Duas mulheres:*

> *Uma mulher veio e me levou para a água*
> *E uma mulher me trouxe até a sua água...*
> *Havia o cheiro de duas mulheres na areia...*
> *Ela deixou uma rosa com seus guardas*
> *E veio sem folhas cobertas de chuva*
> *Nas mãos...*

Assim como a mãe representa, para o poeta em particular, a sua primeira casa ou o seu primeiro amor, ela também representa o seu caminho até o fim. Depois da sua morte, senti que estava num espaço aberto a todos os fatores de destruição: não havia teto de certeza, nem parede que me separasse da morte, nem daquele atirador profissional que espera pela sua presa na luz ou na escuridão. A sua presença deu-me uma sensação profunda de que a vida ainda era longa e segura e de que a morte teria de lutar muito antes de chegar até mim.

É muito difícil acreditar que outra mulher pudesse suportar o que minha mãe suportou na juventude ou na velhice ferida. Ficou tristemente surpreendida com a morte do meu pai no primeiro ou segundo ano da nossa migração para Bagdá. Ela teve que enfrentar, com coragem, seu afastamento sofrido da sua terra e a sua grande tristeza. Éramos quatro filhos, três irmãos e um irmão de outra esposa, e minha mãe cuidou de criá-lo como um de nós após a morte de sua mãe, e tivemos que ouvir, profundamente, a sua dor imensa.

Os rios da nossa infância corriam, barulhentos e turbulentos, sob o sol. Após a morte do meu pai, tivemos que abandonar de repente aquela infância em direção a uma maturidade para a qual não estávamos preparados. Aparecer, diante da nossa mãe viúva, como se fôssemos homens capazes de aliviar a sua solidão ou de partilhar a sua grande perda.

Não posso esquecer a noite em que lutamos contra o vento e a chuva. O vento estava prestes a arrancar o telhado da nossa casa de barro na área de Al-Atifiya, em Bagdá, e a tempestade estava forte e escura naquela noite. O telhado começou a subir e descer e a água da chuva começou a escorrer do telhado da casa. Não era uma casa, mas um quarto de lama onde estavam amontoados cinco corpos e preocupações intermináveis.

Minha mãe começou a colocar um pote aqui e outro ali para coletar a água que vazava do teto, que estava cheio de buracos, do nosso único quarto. Depois que o vento ficou mais forte, a chuva caiu e o estrondo dos trovões aumentou, nós quatro saímos na tentativa de estabilizar aquele telhado em ruínas, com cada um de nós agarrado a uma das pontas dele. Nossos corpinhos subiam e desciam com o teto ao vento e na escuridão, e a chuva caía sobre nossos pequenos corações trêmulos, violenta e pesada. Não saímos do telhado até que o vento se acalmou, a chuva parou e as estrelas da noite apareceram brilhantes e úmidas.

Fizemos isto como demonstração inicial de responsabilidade? Ou é uma expressão de um momento de vergonha, ao mesmo tempo que contém pena, ao vermos a nossa mãe resistente tentando distribuir panelas e latas, aqui e ali, para recolher a água da chuva que caía sobre nós pelas fendas do teto? Senti que esse ato, pelo menos para mim, era uma compensação para aquela mãe por sua dor muda, porém, ruidosa, e pela perda do homem que ela amava profundamente e que a amava cruelmente.

6

Minha mãe foi a primeira a me conectar com a poesia sem ela saber. Eu era constantemente atraído por seus lábios melancólicos. Eu ouvia suas conversas, suas histórias e suas reclamações e sempre gostei de seu tom comovente. Desde o início da escrita, esteve presente na maioria dos meus poemas e sempre foi um fio de luz e elegância que reside na minha linguagem. A presença dela foi uma tragédia na minha segunda coleção *Uma pátria para os pássaros d'água*, especificamente. A atmosfera de alguns poemas da coleção parecia até de arrependimento por grandes perdas: planetas consumidos pelo esquecimento ou paraíso que nunca desaparece da memória. Talvez minha mãe tenha sido, e continue a ser, a mais dolorosa dessas perdas.

No final de 1983, numa manhã muito fria e chuvosa, eu estava sentado diante do comitê designado para discutir minha tese de doutorado na Universidade de Exeter, na Grã-Bretanha: Muhammad Abdel-Hay Shaaban, Jarir Abu Haidar e Jack Smart. A atenção dos três debatedores foi chamada pela dedicatória que estava no topo da tese: eu a havia dedicado à minha mãe, que faleceu enquanto eu estava ocupado escrevendo aquele trabalho. Alguém comentou com emoção aquela dedicatória: é mais um poema do que uma dedicatória. O outro disse: como estou triste por você neste momento. O terceiro desapareceu em profundo silêncio, enquanto as árvores apareciam, da janela, mais sombrias e mais curvadas.

Revista Al-Aqlam, Adonis e as calúnias

1

Quando a revista Al-Aqlam lançou o seu número celebrando Adonis (terceiro número, dezembro de 2020), foi excepcional por dois motivos: o primeiro era algo geral, considerando Adonis um inovador que estabeleceu uma poética diferente na poesia árabe. O segundo, pessoal, especial porque a revista me fez voltar na memória para mais de trinta anos atrás. Por um momento, a revista ocupou o seu lugar preocupante no registro das calúnias e fofocas, em vez de pertencer ao corpo cultural e aos seus debates saudáveis. A porta para a delação naquele momento abriu muitas possibilidades. Se a administração do ministério não tivesse sido mais aberta do que o autor da calúnia, as perdas provavelmente teriam excedido os seus limites razoáveis e eu pessoalmente estaria entre essas perdas. Entre a nova edição da revista, celebrando Adonis, e a antiga, acusada de favorecê-lo, mais de trinta anos de flutuações de gostos, de destinos dos países, mudanças de lealdades e luta por cargos. É um espelho do percurso de uma revista literária que tentou, dentro de condições objetivas bem conhecidas, fazer o que a tornasse merecedora da confiança da elite leitora tanto quanto possível.

2

Minha memória estava sobrecarregada com aquele sonho de fuga do paraíso, do paraíso da imaginação ou do paraíso da memória, quando estava repleta pelo apetite da juventude e por sua inclinação tempestuosa para a leitura e o amor. Meu sonho de uma revista iraquiana teve muitos pais e mães. Talvez fossem mais árabes do que iraquianos. Era um sonho do jornalismo crescer em um espaço elegante e prazeroso.

De onde veio esse sonho? Como isso ficou na minha imaginação, embora minha memória não recordasse? No entanto, este sonho tem pouco a ver com as revistas que conhecíamos, testemunhamos a sua publicação ou vimos nos quiosques de Bagdá. A revista cultural deve ter condições específicas para ter sucesso e se desenvolver. Identidade, paixão, tom, horizonte e visão, e deve haver um pequeno grupo – talvez, mas são poucos – rico em ambição e que possa rodear esta revista de cuidado e de um caloroso sentimento de pertencer a ela. Um grupo com entusiasmo e amor pelo impresso, que se delicie com as dificuldades e aguarde ansiosamente o momento em que sai do prelo. Um pequeno banquete de papel, alegria e textos que surpreende a todos em cada mês. Uma crescente de novos nomes acrescentados à memória e nomes cuja presença se renova, como se a revista estivesse nascendo na nossa frente pela primeira vez. Uma revista não pode ter sucesso sem esta vontade que penetra no eu e o leva ao seu sonho, que se renova a cada mês ou a cada semestre.

Antes de ingressar no mundo do jornalismo literário, vivi como funcionário público por cerca de dois anos. Foram alguns dos anos mais assustadores para mim. O trabalho girava em torno de contas, números e emissão de cheques. Até as lembranças do trabalho diário e seus detalhes muitas vezes me acompanhavam até dormir. Ironicamente, atribuí muito da severidade do poeta americano Eliot e da escassez de sua emoção poética ao seu trabalho como bancário, no qual existiam os números e os valores materiais das coisas e a mentalidade abstrata.

A coincidência joga seu jogo estranho. Certa manhã, conheci o poeta Hamid Said. Ele veio para receber uma recompensa de uma revista ou jornal diário. Isso foi em 1969, acredito. Ele estava no início de sua ascensão no partido, no estado e também na poesia. Ele pareceu surpreso por eu estar em um trabalho como esse. Nessa reunião, ele me propôs a ideia de mudar para o Ministério da Cultura, o que foi o primeiro passo para um trabalho que sempre sonhei: o jornalismo literário.

Senti, depois de mudar para a revista Al-Aqlam, que o pesadelo do meu trabalho tinha acabado, não havia registro de assinaturas, nem selos, nem livros de contas. No meu novo emprego, conheci grandes nomes, como Abdul Wahab Al-Bayati e Saadi Youssef, que eram membros do seu conselho consultivo. O conselho editorial era composto por Abdul-Jabbar Al-Basri como presidente, enquanto Abdul-Rahman Al-Rubaie trabalhava como secretário editorial. Então o conselho editorial se expandiu. Youssef Abdel Masih Tharwat, Ghalib Hilsa, Khairy Mansour e Muhammad Afifi Matar estão entre os nomes mais importantes que trabalharam na revista Al-Aqlam. Ainda me lembro de Ghalib com seu calor infantil, sua cultura esclarecida e seus olhos sempre perplexos. Também me lembro, e não posso esquecer, de Khairy Mansour, pois ele era um mundo à parte. Um poeta em tudo: seu comportamento, seus escritos e suas conversas. Sua linguagem, dentro e fora de seus textos, era indicativa de uma cultura ampla e muito viva, porém tinha nela sempre gestos sensuais ou ardilosos. Quanto a Muhammad Afifi Matar, ele sempre pareceu uma brisa que chegava até você dos vales do passado e do que tem neles de verde e profundidade. Apesar da densidade da sua poesia, entrelaçada com visões e referências, ele era profundo na sua nobreza e na transparência da sua alma.

3

No início de 1984, ou seja, após o meu regresso da Grã-Bretanha, fui nomeado editor-chefe da revista Al-Aqlam e permaneci neste cargo durante mais de seis anos (1984-1990). Trabalhar na revista estava mais próximo do meu estado de espírito do que qualquer outro trabalho, mas estava disposto a ir lecionar na universidade. No entanto, o ministro da Cultura pediu-me para assumir a direção da revista durante dois ou três anos e prometeu-me que eu poderia ir para a universidade depois disso.

Acima de tudo, tive de me beneficiar das minhas boas relações com escritores árabes e iraquianos. Percebi que a revista estava ouvindo, mais do que deveria, o ritmo da mobilização política e intelectual e o espaço que ela dava para isso era demais devido a pressões que não eram escondidas de ninguém. Abriu suas páginas, não raro, a escritores motivados apenas pela obsessão ideológica, não estética, e que só encontraram neste ambiente a oportunidade ideal para publicar. Seus textos eram principalmente uma celebração de assuntos políticos, sem preocupação com o nível de desempenho.

Além disso, antes de meu trabalho nela, a revista publicava arquivos e números especiais que quase subsistiam nesse modesto nível de redação. É claro que não há nada de errado com um texto literário que aborda uma preocupação geral, seja intelectual ou social, desde que a preocupação ideológica não continue a ser a única motivação para escrevê-lo e que o poeta não aposte todas as suas cartas nesta preocupação somente.

Comigo no conselho editorial, estava o crítico Hatem Al-Sakr, que trabalhei arduamente para transferir da Casa de Cultura Infantil, dirigida pelo falecido poeta Abdel-Razzaq Abdel-Wahed, para a revista. Al-Sakr foi uma grande ajuda para mim devido à sua cultura crítica, à sua paciência em manter as suas relações com os outros e à sua calma que eu realmente admirava. Conosco na revista, estavam o poeta Khairy Mansour, sempre polêmico, e o contador de histórias Ahmed Khalaf, o qual procurei integrar no corpo editorial após sua transferência da rádio e da televisão, além dos contadores de histórias Aed Khasbak e Hasballah Yahya.

Posso, sem exagero, resumir a situação da revista Al-Aqlam da seguinte forma: o pessoal não era suficiente, nem havia qualquer crença na revista, e o local não era adequado para uma revista literária. Além disso, a visão oficial para as revistas em geral e para a Al-Aqlam em particular não era positiva. A mente governamental, em sua maioria, não via a revista, nenhuma revista, exceto como um departamento administrativo e sua equipe como funcionários e não como escritores e poetas, cuja missão era reproduzir uma publicação cultural e nada mais.

A subordinação da revista Al-Aqlam manteve-se durante muito tempo, transitando entre várias direções e sob diferentes nomes: Cultura Geral, Dar Al-Jahiz, Dar Al-Rashid, até ser acoplada, com outras revistas, numa só editora. Isto foi por volta de meados dos anos 80. Esse período presenciou um evento cultural importante: a morte de Shafiq Al-Kamali, poeta, pintor, ministro e líder do partido. Também foi acompanhado pelo retorno do Dr. Mohsen Al-Moussawi, do Canadá, após obter seu doutorado. O que mais tarde revelou, verdade seja dita, uma mentalidade acadêmica e administrativa muito distinta. Assim, o nome da editora que era então Áfak Arabia foi alterado para o Departamento de Assuntos Culturais Gerais e a tarefa de gerenciá-la foi atribuída ao Dr. Al-Moussawi.

Apesar disso, não houve mudança radical no estatuto das revistas culturais, que permaneceram, até certo ponto, circulando em espaço governamental. Revista publicada por uma instituição estatal. Isto implica que o seu direito de sonhar, experimentar, esforçar-se ou tocar os limites perigosos da imaginação ou da permissibilidade da fala é um direito que nunca é estabelecido. Ela não tem o privilégio de sair das jaulas, nem de esbarrar nos limites de coisas proibidas, mesmo que o motivo para isso seja a boa vontade ou as boas intenções. Ela é uma revista sem sonhos tentadores ou grandes projetos oficiais.

Meus colegas e eu estávamos interessados em expandir a estreita margem disponível para nós na revista tentando torná-la tão abrangente quanto possível e tirar a revista de suas roupas estatais e levá-la a um horizonte mais amplo. Aqui estou falando especificamente sobre a margem de liberdade. No entanto, conseguimos revitalizar esta margem e despertar um novo espírito nos seus textos, debates e estudos, até que a revista Al-Aqlam, apesar das suas circunstâncias difíceis e das suas capacidades limitadas, se tornou um requisito literário indispensável para escritores e intelectuais.

4

A tarefa não foi fácil. O prazer do meu trabalho na revista começou a ser prejudicado por um pouco de cuidado e cautela às condições impostas pela censura intelectual ou de segurança, às vezes. Nos momentos em que as proibições aumentam e se multiplicam, mesmo o que é permitido e disponível assume uma sombra de suspeita. Esta ideia foi expressa um dia por Fadel Al-Barrak, um dos homens de segurança mais duros do Iraque, quando disse: "O grande número de proibidos faz-nos perder do proibido central". É claro que uma frase como esta expressa apenas um momento de extrema tensão, completamente contraditório com a necessidade do criador de ter uma imaginação livre e de a revista literária ter um espaço amplo para crescer.

Há outro desafio que pesava ao mesmo tempo sobre o escritor e o editor literário. Nem sempre caiu no âmbito da censura e braços do Estado, que eram exagerados na sua sensibilidade a todos os voos de imaginação ou amplitude da linguagem, mas, ironicamente, estava a espalhar-se especificamente no meio cultural. Não creio que exista um meio que celebre mais a fofoca, a inveja e a lealdade baseada no partidário do que o meio cultural no nosso mundo árabe em geral e no mundo iraquiano em particular. Na verdade, não hesito em dizer que este ambiente está frequentemente cheio de pessoas propensas a danos, concorrência desleal e denúncias maliciosas. Num tal ambiente, não se pode esperar que uma revista cresça e floresça, a menos que com uma grande dificuldade. Esta dificuldade é extremamente complexa quando se trata de uma revista literária ou cultural. O solo, o ar, os rios e as ideias do Estado nem sempre têm uma relação de verdadeira amizade ou harmonia com os pensamentos ou afetos do povo. Em algumas situações, podemos descobrir que a autoridade estatal, apesar da sua distância das preocupações culturais, é mais compassiva do que alguns escritores ou aqueles que lhes são considerados nesta nobre preocupação: a escrita. Tenho exemplos que deixam cicatrizes indeléveis no coração, na memória e no poema.

Lembro que planejamos vários arquivos e edições especiais. A sua publicação teve um bom impacto junto dos interessados no Iraque e no estrangeiro, incluindo, por exemplo, o novo poema na Arábia Saudita e a crítica, o romance e o conto iraquianos, assim como, afetou o poeta árabe moderno como crítico e isso é claro no trabalho de Mahmoud Al-Braikan e Abdul Amir Al-Hasiri. A contribuição dos criadores e escritores árabes ficou clara nessas edições e arquivos. Talvez esta tenha sido uma abordagem que a revista tinha planejado antes de eu assumir a responsabilidade de trabalhar lá. Trabalhei arduamente com os meus colegas para garantir que a revista Al-Aqlam não se limitasse a nomes específicos, porque reparei que havia vários escritores iraquianos e árabes com quem a revista não procurava se comunicar, como se estivessem numa lista amaldiçoada que não poderia ser revogada, e talvez Adonis e Kamal Abu Deeb estivessem no topo dessa lista.

Durante meu tempo como responsável, Abu Deeb publicou seus estudos mais ponderados e interessantes. Há apenas uma exceção, talvez antes disso. Um estudo importante do poema de Al-Bayati (*Nasci e queimo no meu amor*) e isso foi no ano 1980, creio eu, na época do falecido crítico Trad Al-Kubaisi. A abertura da revista à modernidade no olhar para os textos e na interação com novas abordagens críticas não foi bem recebida por alguns. Refiro-me especificamente àqueles com visões tradicionais sobre a natureza ou função da literatura ou aqueles que aspiram a assumir o comando da revista somente. Eu sabia disso, mas não imaginava que alguns deles chegariam ao ponto de convocar o ministro da Cultura, para mim pessoalmente, principalmente depois da publicação do dossiê O poeta e crítico árabe moderno, que foi em 1985.

Certa manhã, o Dr. Mohsen Al-Moussawi convidou-me ao seu escritório e mostrou-me um relatório apresentado contra mim ao Latif Nassif Jassim, que era ministro da Cultura e Comunicação naquela época. Foi um dos relatórios mais prejudiciais e, embora não mencionasse o nome do autor, a caligrafia me era familiar. Um doloroso momento de descoberta. Era uma caligrafia bonita, mas desprovida da antiga intimidade, e desta vez parecia tingida de um pouco de maldade. Eu reconheci o dono desta letra desde a primeira palavra. Ele foi meu companheiro desde o início e meu colega de revista por muito tempo. E além disso, ele era meu amigo ou alguém que eu considerava assim até então. Este relatório vai ao extremo da hostilidade; ele se refere explicitamente a mim pelo nome, não pelo cargo.

Para que a lâmina fique mais afiada. Dizendo que Ali Jaafar Al-Allaq abre as portas da revista a escritores hostis à ideologia do partido e da revolução e estão ligados aos círculos de inteligência ocidentais e os seus livros são proibidos de entrar no país. O autor do relatório menciona dois nomes específicos destes escritores: Adonis e Kamal Abu Deeb.

O autor do relatório não percebeu, como salientei na minha resposta a ele, que Adonis e Abu Deeb, ambos, tinham sido convidados a participar no Festival Marbed desde meados dos anos 80 e eu sabia disso pessoalmente, em virtude de ser membro do Comitê Supremo do festival. Cada vez, eles usaram como desculpa, para não participar, situações pessoais. Além disso, o livro *Visões mascaradas*, de Kamal Abu Deeb, ganhou o primeiro prêmio na Feira Internacional de Bagdá naquela época.

5

Meu trabalho na revista me permitiu entrar profundamente nos ares da vida cultural e me associar aos melhores talentos e nomes dela. Foi um período, apesar da tensão, com um sabor especial. Mas custou-me um preço doloroso: descobrir amizades falsas ou, às vezes, perder amizades verdadeiras. Nunca tive um comportamento agressivo, mas meu temperamento não me permite ser complacente com alguns assuntos como, por exemplo, os textos publicados na revista. Muitas vezes, a minha aptidão para o diálogo não me ajudava a falar numa linguagem lisonjeira sobre textos que não eram adequados para publicação. Situações que me empurram para dificuldades no trato social, que, por vezes, ultrapassa os limites. Ainda me lembro de uma delas, com muita dor, com o falecido e grande Dr. Ahmed Matloub. Ele foi meu professor antes de ser um amigo que eu estimo. Ele escreveu um artigo sobre o poeta Muhammad Jamil Shalash, que também é um querido amigo meu. Não me convenci a publicar o artigo porque senti que ele foi escrito com um único motivo: lealdade à amizade. Estava pelo menos abaixo do nível que conheço dos escritos do

Dr. Ahmed Matloob. Como fiquei feliz quando minha linda amizade com ele retornou depois de anos. Quanto ao meu amigo, o poeta Muhammad Jamil Shalash, não sei até o momento se ele ainda se lembra daquele incidente ou não.

Uma dessas situações que ainda recordo com uma pontada de constrangimento é a minha posição diante de um texto de uma escritora por quem, como criadora e ser humano, tenho grande carinho. Discordei dela sobre o valor daquele texto, por isso não facilitei a publicação, embora mais tarde me tenha convencido de que o texto poderia enquadrar-se no contexto de diversificar e experimentar o tom da escritora, pois ela fazia questão de desenvolver constantemente as suas habilidades de escrita. O ritmo do trabalho na revista e seus detalhes às vezes me faziam esquecer que estava condicionado por um ambiente específico que não se transcendia muito. Ele não supera seus pequenos cálculos ou preconceitos estreitos. Tive que ter um certo grau de flexibilidade, que talvez seja um termo suave para o talento da hipocrisia ou da bajulação, que é a consciente da realidade e das suas flutuações. O trecho a seguir foi extraído de um depoimento do falecido contador de histórias Abdel Sattar Nasser, publicado por ele no jornal Al-Qadisiyah em 5 de julho de 1987, que ilumina aquele momento tão tenso. Ele falou numa linguagem cheia de dor e amargo sarcasmo sobre meu comportamento na gestão da revista:

"O editor-chefe das melhores revistas literárias do Iraque, mas ele, realmente, não explorou esta [felicidade] como milhares de editores-chefes fazem na Nicarágua, Espanha, Cairo, Paris, Beirute e na rua Jadid Hassan Paxá... e daqui você o vê como um candidato pronto, na mente de todos e com a aprovação de todos, para qualquer cargo cultural, administrativo ou emocional..."

Não duvido, nem por um momento, que esta declaração tenha levado alguns a assumirem uma posição de antagonismo em relação a mim, seja com ou sem razão, especialmente porque eu era desprovido de qualquer possibilidade de comportamento ou filiação partidária que me ajudasse a superar estas emboscadas e armadilhas.

6

Quando o regime, qualquer regime, é extremamente rigoroso, não é possível que uma revista possa ser livre com uma orientação completamente independente nas suas aspirações estéticas ou intelectuais, como poesia, literatura ou opinião, por exemplo. Não se pode nem esquecer a experiência da revista de poesia Sessenta e Nove, que era pioneira e não continuou a publicar mais do que alguns números. Pois não cabia tanto na mentalidade governamental e nem no gosto tradicional.

A revista Al-Aqlam não foi apenas sujeita à calúnia de alguns escritores, como também a repetidas pressões de segurança. Lembro-me de que fui convocado, uma vez, pelo diretor de Relações de Segurança Pública para um assunto que não ficou claro para mim até que entrei em seu amplo gabinete. A revista publicou um conto do falecido Abdel Sattar Nasser, bastante ousado em suas conotações sexuais. O gerente de Relações Públicas achava que a história havia sido publicada na revista Al-Mawrid, mas não sabia que Al-Mawrid se preocupava com o folclore, não com a literatura moderna. Ele também não percebeu que eu era responsável pela revista Al-Aqlam e não pela revista Al-Mawrid.

Após a minha conversa com ele, ditou ao seu secretário particular um conjunto de instruções segundo as quais Abdul Sattar Nasser estava proibido de publicar ou aparecer em qualquer plataforma de comunicação ou mídia. Ele disse isso em um tom decisivo e não desprovido de aspereza. Eu disse-lhe que este escritor em particular não necessita de ser publicado no Iraque, porque a oportunidade de publicar está disponível para ele em muitos lugares do mundo árabe, especialmente depois de ter sido preso por causa do seu conto *Nosso mestre, o Califa*. Além disso, impedir um escritor de publicar não é um castigo para ele, mas sim uma tentação para seus leitores e seguidores. Assim, o diretor de Segurança mudou a sua posição anterior e ordenou ao seu secretário particular que cancelasse as instruções de proibição contra Abdel Sattar Nasser.

Numa ocasião de mobilização, éramos um grupo de poetas, sentados quase no meio do salão. Enquanto o ministro da Cultura, Latif Nassif Jassim, estava sentado, por razões de segurança, na fila logo atrás de nós, e ao lado dele estavam os poetas Abdul Amir Maalah, Yousef Al-Sayegh e Dr. Mohsen Al--Moussawi. No momento em que subi ao pódio, o ministro saiu para uma sala lateral para atender um telefonema do gabinete presidencial, como soube mais tarde. Não demorou muito para ele voltar ao seu lugar no momento em que eu saí do palco. Levei menos tempo para ler os versículos do que seu breve telefonema. O ministro, claro, não ouviu o que li:

> À medida que a manhã se espalha entre os juncos
> O pântano abriu as camisas ao orvalho,
> E suas lareiras para o crepitar da lenha...
> Café amargo, e cinzas conhecidas,
> E um sol banhado em ouro...

Esta era a primeira estrofe do poema *O casamento de Alwan Al-Huwaizi* e claramente ficou fora das descrições de um poema festivo que se enquadra no contexto de mobilização e incitamento. Quanto à segunda estrofe, extraí-a de outro poema intitulado *As nuvens do poema*:

> Para os meus amores a poesia, e a cama deles minha vestimenta
> Para sua desolação ofereço meu sangue, e para seus cavalos minha água
> A lua de poeira ilumina seus rostos
> E mistura com sangue
> A cor dos poemas, dos pássaros mortos e das mulheres...

Pareceu-me, naquele momento, que o ministro queria ver as passagens poéticas que li na sua ausência. Percebi que ele sussurrou isso para o poeta Abdel Amir Maala, que me pediu para lhe mostrar os poemas que havia lido há poucos minutos. Senti que estava num verdadeiro dilema, pois os trechos poéticos eram muito curtos e eu sabia a maioria deles de cor e apenas uma pequena parte deles estava no papel. O ministro devolveu-o a Abdel-Amir Maala e o ressentimento era evidente nas suas feições. Naquele momento, associei a carranca do ministro à sua insatisfação com a minha relutância em participar de festivais bajuladores de poesia, insatisfação que me atingiu, mais de uma vez, através do Dr. Mohsen Al-Mousawi.

A atmosfera ao meu redor começou a ficar mais tensa em mais de um nível e o ar estava cheio de emboscadas e intenções desagradáveis. Um dia, encontrei um amigo que trabalhava como diretor geral do ministério e que mais tarde se tornou uma figura proeminente no país. Ele me contou, num raro momento de confissão, o que havia acontecido numa reunião presidida pelo ministro. Quando os participantes chegaram a um parágrafo relacionado com a nomeação de alguém para representar o Iraque num encontro da União dos Escritores Árabes na Líbia, o ministro disse num tom decisivo: nomeiem Yassin Taha Hafez e Ali Jaafar Al-Allaq para esta delegação e para cada um deles também o seu documento verde! O amigo não explicou o que o ministro quis dizer com documento verde, embora fosse um gesto que não podia ser escondido e um início público do que estava por vir, especialmente porque foi dito diante de quem tinha a solução e conexão em suas mãos, logo abaixo do ministro, os mandachuvas do ministério.

Parecia que uma ordem para me excluir da revista tinha ultrapassado os limites da sugestão ou da intenção, a ponto de o diretor-geral do Departamento de Assuntos Culturais ter, como ouvi, sugerido vários escritores para assumirem o cargo de editor-chefe. Naquela atmosfera agitada, meu amigo crítico Fadel Thamer me visitou e perguntou se eu sabia alguma coisa sobre o que estava sendo conspirado contra mim. A pergunta não me surpreendeu, mas me machucou profundamente. Foi por volta do meio-dia. Pedi para me encontrar com o ministro, mas o seu responsável pelo gabinete tentou dispensar-me da intenção, dadas as ligações e preocupações do ministro. Depois que ele viu o quão nervoso eu estava, ele atendeu com relutância.

Falei francamente com o ministro sobre o que estava acontecendo na atmosfera. Eu disse, num tom não desprovido de autoestima, que minha ânsia de desenvolver a revista não foi na expectativa de alguma bênção, como muitos fazem, mas sim porque tenho um nome do qual me orgulho e não o quero associado a uma revista fraca. A emoção me levou a relembrar uma antiga frase que circulou na literatura histórica entre os dois califas, Othman e Ali, no dia em que o primeiro foi sitiado em sua casa pelos rebeldes:

Se for para ser vencido, que seja, portanto, alcance-me, estou aqui.[26]

Não sei se o ministro percebeu plenamente a raiva reprimida que eu sentia naquela tarde quente, mas sentiu que havia algo que precisava ser remediado. No segundo dia, o ministro convidou-nos para uma reunião que incluiu os editores-chefes das revistas e, claro, o diretor-geral do departamento. O ministro não falou do meu encontro com ele no dia anterior, mas afirmou em linguagem solta a sua satisfação com as revistas culturais. Senti naquele momento que sua linguagem suspeita estava mais confirmando sua posição sobre mim do que negando.

7

Não demorou muito para que o copo começasse a encher. O Ministério da Comunicação estava trabalhando na organização de um de seus muitos festivais. Uma exposição dos livros do presidente iraquiano traduzidos para vários idiomas. A abertura da exposição foi à noite e muitos funcionários do ministério compareceram à inauguração, como de costume. Eu não estava presente naquela celebração e o poeta Yassin Taha Hafez, editor-chefe da revista Cultura Estrangeira, também não estava presente, e foi o que soube mais tarde.

Na manhã seguinte, fiquei surpreso quando o Dr. Mohsen Al-Moussawi veio ao meu escritório. Ele tentava misturar se-

---

26 Uma linha de um poema antigo escrito por Shas ibn Nahar, o poeta pré-islâmico. Foi traduzida e adaptada para ser compreendida dentro do contexto.

riedade com brincadeira e esconder seu constrangimento com sua alegria habitual. Mudamos para a sala em frente onde estava sentado o poeta Yassin Taha Hafez. Ficou claro que Al-Moussawi estava talvez passando por um de seus momentos mais embaraçosos ou culpados. Contou-nos que o ministro, ao constatar a nossa ausência na exposição, ordenou que nos destituíssemos da editoria das revistas Al-Aqlam e Cultura Estrangeira. A ordem ministerial estipulou que Yassin Taha Hafez fosse aposentado, já que tinha uma idade que o permitia, e que eu fosse transferido para o Departamento de Comunicação Social Estrangeira, que era dirigido pelo meu amigo Dr. Naji Al-Hadithi. Entre os que foram destituídos de seus cargos, estava o amigo e crítico Hatem Al-Sakr. Ele era editor-chefe da Revista Literária Al-Tali'ah, mas permaneceu na Casa de Assuntos Culturais até que as coisas se acalmassem e ele mais tarde foi nomeado editor-chefe da revista Al-Aqlam.

Isso não foi uma surpresa para mim, pois penso que já estava em andamento há algum tempo. Recusei-me a ingressar no meu novo emprego, solicitando transferência para a universidade ou encaminhamento para aposentadoria. Só recebi aprovação para ser encaminhado para a aposentadoria depois de três meses de árduo acompanhamento e depois de me encontrar pessoalmente com o ministro da Cultura.

8

Durante este período, fui convidado a participar no Festival de Poesia Árabe-Espanhola, que se realizou em Sanaa em julho de 1990. Lá, assinei um contrato de trabalho com a Universidade de Sanaa, por iniciativa do meu amigo Dr. Abdel-Wahab Raweh, reitor do Centro de Idiomas e assistência especial do Dr. Abdul Aziz Al-Maqaleh. Depois que voltei para Bagdá, concluí os procedimentos de aposentadoria. Mas só pude deixar o país depois do fim da guerra e depois de as restrições de viagem impostas aos iraquianos terem sido encerradas em maio de 1991.

No segundo dia após a minha chegada a Amã, fui visitar o Dr. Khaled Al-Karaki, que era então ministro da Cultura. Descobri que ele tinha um grupo de amigos vindos de Bagdá, incluindo o falecido poeta Abd Al-Razzaq Abd Al-Wahid e o artista teatral Qasim Muhammad. Do escritório do Dr. Al-Karaki, liguei para o Dr. Abdul Aziz Al-Maqaleh, que era presidente da Universidade de Sanaa na época, para cumprimentá-lo e informá-lo que eu estava a caminho de Sanaa em dois dias.

A noite mais longa da história

I

Voltei para casa exatamente à meia-noite, depois de encontrar, no Hotel Babel, com vista para o rio Tigre, um grupo de poetas árabes. A maioria deles eram amigos que conheci há anos, quando participavam do Festival de Marbed ou de outros festivais árabes. A visita deles fez parte de um gesto sentimental de simpatia durante aquele período crítico. Ao atravessar a ponte suspensa, senti que criaturas misteriosas espreitavam nas águas do rio, emitindo uma mistura de murmúrios como se fosse o início de lamentos abafados. O fluxo do rio não era como estávamos acostumados, cheio de ondas ou de um êxtase avassalador, mas era o oposto de tudo isso: morno e extremamente patético.

O ponteiro do relógio, naquele momento, estava mergulhado em sangue, não em sono, e o cheiro da desgraça e da amarga expectativa levava consigo o povo de Bagdá até as duas e meia da noite de 17 de janeiro de 1991. Será que ele, aquele fino fio de metal, percebeu que nossa noite duraria indefinidamente? E que ele se afogaria, ou melhor, nos afogaríamos juntos numa noite que Bagdá nunca viu antes e que seu povo nunca testemunhou? Foi verdadeiramente a noite mais longa de toda a história: começou de forma assustadora e retumbante, como um terremoto cósmico, e continuou de forma devastadora e intensa até este momento.

Estivemos durante seis meses, quer dizer, desde o início do cerco, cheios da ansiedade e definhamento que invadiram nossas casas e espalharam sua escuridão sobre tudo. Estávamos correndo, seguindo as instruções da Diretoria de Defesa Civil, para nos prepararmos para os fortes ventos que se aproximavam. Como se estas instruções nos preparassem para uma derrota certa ou uma vitória duvidosa. Durante todo o dia, recebemos instruções sobre o que fazer quando os mortíferos corvos de ferro iniciassem seu avanço devastador. Assim, cada um de nós tinha que ser bom em lidar com as sirenes e velas pretas. E vidros de janelas, películas e cantos rígidos de paredes.

2

É uma ironia sangrenta, na verdade. Esta atmosfera de morte não era completamente nova para nós; durante dez anos, durante a guerra com o Irã, a morte foi um animal de estimação: partilhou o nosso sono, os nossos dias e os nossos poemas. Ela era nossa amiga odiosa ou nossa hóspede imposta: não pudemos expulsá-la de nossas almas tensas e não pudemos sentir afeição por ela.

Quando a guerra com o Irã terminou (será que terminou mesmo?), recomeçamos a vida sob a ilusão de que esta guerra era a última e que tinha chegado o momento de parar o crescimento dos cemitérios. Pensávamos que nos deixariam abraçar a vida com verdadeira paixão, sonhando com uma pátria calorosa onde florescessem os rios, não as prisões, a poesia, não a dureza de coração, e a dignidade humana, não a madeira dos caixões.

Meu encontro com meus amigos literários árabes era apagado e desprovido de alegria a um ponto que era óbvio. Bagdá me pareceu, naquela noite, muito tensa e esplêndida: a tensão de quem confiava em sua derrota sem arrependimento e o esplendor de quem se aproxima dela sem decepções, e a sua noite estava cheia de expectativas e surpresas. A noite era frágil. Apesar disso, estava cheia de poesia, noitadas, suspiros d'água e grandes discursos também. Quando cheguei em casa, encontrei-a, e na verdade toda a vizinhança, imersos em silêncio. A escuridão tinha um cheiro pegajoso e o silêncio foi quase quebrado por um grito iminente. Eu era como alguém escorregando do limite da sonolência para um penhasco do sono ou da destruição.

3

Depois que Bagdá irrompeu repentinamente como um horizonte de vulcões vermelhos, uma enxurrada de pássaros sinistros desceu sobre nós. Chegavam até nós de todos os lugares: dos desertos, das fendas da noite e das águas escuras. A força de todas as eras ao mesmo tempo. Aviões e mísseis de cruzeiro sopravam de dez lados do mundo, varrendo tudo em seu caminho: o sono, as pontes e os parques infantis. Eles estavam arando o Iraque todo: os seus céus, as suas civilizações e as suas águas. E criavam, com vergonhosa barbárie, as noites mais longas da história: fragmentos do rio voavam, suas margens se espalhavam assim como os iraquianos mais tarde sob as estrelas de Deus, e escorriam pela noite sangue ardente e sono inocente. O céu e a terra tremiam assustadoramente e as pessoas fugiam aterrorizadas ao som de um céu desabando, de uma terra sendo dispersada e de uma pátria emergindo de seus grandes sonhos para retornar às suas velhas cinzas mais uma vez.

Não acreditávamos que esta noite, tão escura e feroz, pudesse acabar. Testemunharemos novamente o início de um novo dia? Nenhum de nós conseguia se lembrar de uma noite tão longa. A primeira onda de bombardeamentos teve como alvo centrais elétricas, centros de comunicações, estações de rádio e locais de reforço para as transmissões. Assim, a escuridão foi apertada em todos os níveis: eles colocaram o país inteiro em um mar agitado de trevas e realmente o devolveram ao tempo anterior à era da luz.

Alguns pensaram em sair de Bagdá, onde a destruição era intensa, e rumar para pequenas cidades ou vilarejos remotos, pensando que as asas da morte não pairariam ali. Mas rapidamente descobriram que não era esse o caso, por isso regressaram novamente aos seus locais de residência em Bagdá, deixando para trás aldeias feridas e estrelas sangrentas, depois de perceberem que cada centímetro do Iraque estava recebendo a sua cota de morte e ódio.

4

Quem teria pensado que as noites de Bagdá se tornariam tão escuras e sangrentas um dia? Cada um de nós foi sufocado pela escuridão e pelo pânico durante toda a noite e nenhum de nós conseguiu ver nada do que nos rodeava. Uma escuridão que obscurecia tudo: a nossa morte, os nossos corpos e as emboscadas na estrada. Nossa sensação de morte atingiu o auge naquela noite miserável. Era como se os mísseis e as bombas barulhentas só encontrassem a sua oportunidade de aniquilação na escuridão, na ansiedade intensa e na sonolência.

Durante aquelas noites amargas, nós, ou pelo menos muitos de nós, distribuímos os nossos filhos para abrigos ou casas de familiares, na ilusão de que poderiam escapar a essa morte abrangente ou de que reduziriam a sua cota de destruição. Nunca ocorreu a nenhum de nós que a tecnologia de extermínio tivesse atingido um nível de barbárie como a humanidade nunca tinha testemunhado.

O abrigo Al-Amriya foi um dos exemplos mais brutais, onde restos mortais de crianças e mulheres foram misturados com ferro fundido e blocos de cimento. Os corpos de muitos deles, ou seus restos mortais, ainda estavam grudados nas paredes e nas pedras estilhaçadas. Transformaram-se em manchas de sangue escuro e nos gritos abafados de socorro que permaneceram entrelaçados com o ar do abrigo e as memórias dos sobreviventes do massacre até este momento. Alguns deles permanecem, até hoje, desconhecidos em nome e aparência. Eles não foram incluídos em uma sepultura ou caixão. Outros foram levados para o túmulo amputados, sem cabeça, sem funeral ou sem mãos. A morte naquelas noites tenebrosas e sangrentas era horrível e generalizada.

5

Por que a morte, durante aquelas noites furiosas como vulcões, apenas nos espreitava na escuridão? Era noturna e traiçoeira ao extremo. Ficamos expostos a ela, à noite, como presas exaustas: nosso único sono foi manchado de sangue e estilhaços. Incapazes de fazer qualquer coisa, exceto esperar pela destruição e odiar o trabalho dos pecadores.

E a cada amanhecer nos parabenizamos pelo retorno seguro a um novo dia, como se estivéssemos vendo a vida pela primeira vez, enquanto descíamos de nossas camas solitárias como poços.

Algumas daquelas noites cheias de medo e expectativa ficaram presas no meu poema *O último recinto*, que mais tarde foi cantado pelo artista Ali Abdullah. Vivíamos em duas casas separadas apenas por alguns metros de frio e escuridão, mas partilhávamos aquela época cheia de sangue, orgulho e o uivo das dinastias que escondíamos nas veias:

> *Entre, ó árvore do sono...*
> *Queimando, ficarei à espreita da morte*
> *Expulsando-a da cama...*
> *Árvores do sono devorado por aviões...*
> *E ferem a extensa grama do espaço.*
> *Para onde a noite nos leva?*
> *Para dormir? Para o vento?*
> *Ou para o último recinto...?*

6

Nos momentos intermitentes de calma, quer dizer, entre uma onda de bombardeios e outra, Bagdá, em sua majestosa escuridão, parecia extremamente arrogante. Não imaginávamos, antes dessa época, que as suas estrelas seriam tão brilhantes e abundantes. Parecia que, com seu brilho sangrento, iluminavam todos os cantos da história. Naquelas noites escaldantes de inverno, o dia muitas vezes revelava casas cobertas por uma chuva escura; todo o espaço estava saturado com o cheiro de explosivos, cinzas de edifícios e fumaça de aviões.

Jamais esquecerei como nós, o artista Ali Abdullah, o contador de histórias Ahmed Khalaf e eu, passamos aquelas noites assustadoras. Nós, como todos os outros, fomos testemunhas de um fato cuja brutalidade não tem igual. Meu amigo, o artista Ali Abdullah, costumava vir até mim quase todas as noites, abraçando seu alaúde melodioso sob sua abaya. Como se ele estivesse abraçando um coração aterrorizado. Estávamos tentando, com nossas famílias, enfrentar toda aquela feiura com uma alegria resistente, música, poesia e canto que brotavam de nossas almas com remorso.

PARTE 4

Como se eu fosse o último sobrevivente

1

Em Sanaa,[27] enquanto passava a primeira noite na casa de hóspedes, na residência universitária, descobri que eu morava no quarto ao lado do grande poeta Suleiman Al-Issa. Depois de nos encontrarmos pela manhã e tomarmos café da manhã, fomos juntos ao escritório do Dr. Abdul Aziz Al-Maqaleh na presidência da universidade. O poeta Al-Issa percebeu o estado de distração em que eu estava e disse: sei muito bem onde você está, mas você tem que se acalmar um pouco e se acostumar a esquecer o que aconteceu com Bagdá. Eu estava extremamente ansioso e estressado: um eu dilacerado pelos danos e uma memória repleta de lamentos e decisões desastrosas. Parecia que eu era o último sobrevivente do massacre:

> *Descendente de poemas elevados*
> *Me disperso, procuro por mim no vento...*
> *Nem meu corpo é meu, nem as cinzas são minhas.*
> *Vindo de sangue choroso, vindo*
> *Dos restos do meu país...*

Assim que nos sentamos com o Dr. Abdulaziz Al-Maqaleh, senti mais uma vez o calor desta grande personalidade que sempre me cativou nas minhas visitas anteriores.

2

A minha relação com Sanaa remonta a meados dos anos 80. Visitei-a pela primeira vez em 1985. Minha familiaridade começou quando aterrissei em seu pequeno e mo-

---

[27] A capital e a maior cidade do Iémen, localiza-se no norte do país.

desto aeroporto com um nítido aconchego. O caminho para o Hotel Sheba sugeria, em grande parte, a natureza desta cidade que via pela primeira vez: uma cidade para a qual, a partir daquele momento, tinha preparado um lugar no rico leito de expectativas, tal como tinha preparado um lugar antes na memória. Sanaa viveu comigo antes de eu a ver, como um sonho, uma obsessão ou uma ilusão.

Há uma grande semelhança entre as cidades e as mulheres: as bonitas enchem os nossos sentidos a cada momento, mas nem sempre encontramos as distintas. Assim são as cidades também. O universo está cheio de belas cidades que se erguem altas, brilhantes e densas, porém, essas cidades permanecem basicamente as mesmas: florestas de concreto e ferro sólido, nenhuma das quais te leva até a sua alma ou até o corpo real dela. São edifícios que ferem as nuvens, luzes que parecem faíscas voando de uma fornalha cósmica e massas assustadoras de ruídos sufocantes que, muitas vezes, parecem uma espécie de ruído mudo ou uma linguagem de isolamento: não une as pessoas e não ajuda a se comunicarem umas com as outras, impedindo a troca pura e natural do ser humano.

Por tudo isto, encontro em Sanaa um modelo de cidade especial em toda a sua extensão, uma cidade humanitária acima de tudo. Seres humanos cheios de vida, tristeza e vontade. Seu solo exala sua essência quente e suas pedras quase gemem sob suas mãos ternas. Embora, há anos, Sanaa tenha começado a tirar as roupas empoeiradas e a atacar a nova vida com toda a sua suavidade e diversidade, os seus bairros antigos ainda mantêm as suas primeiras características, em que a poeira se mistura com a luz, a bondade e a ferocidade.

Eu vinha com uma memória carregada de muitos detalhes sobre ela. Sobre seu passado, repleto de poesia, hipismo e mulheres rainhas. Tive que primeiro acertar minhas contas com o estoque de memória e restaurar o equilíbrio entre as pedras da realidade e a fluidez das expectativas. Entre Sanaa da memória, que brilha num trono da juventude do passado e dos desejos da alma, e Sanaa da dolorosa experiência sensorial.

Porém, minha ligação com esta encantadora cidade tomou um rumo diferente a partir de 1991, depois que trabalhei como professor em sua universidade. Não pensei que uma cidade pudesse juntar os tempos tão distantes com uma harmonia tão incrível. Quando fui para a velha Sanaa, o passado majestoso e a suave novidade estavam estranhamente entrelaçados. Eles viviam sob a mesma pedra e bebiam do mesmo copo. Não havia separação espacial entre a antiga e a nova Sanaa.

A rua resplandecente de luzes e poeira estava me jogando para a velha Sanaa: lama quente exalando para mim sua fragrância antiga das casas construídas e uma brisa com uma textura especial infiltrando-se nas fendas da alma, enchendo-a às vezes de alegria, e saudade da contemplação em outros momentos. A velha Sanaa não são edifícios do passado, ou que os lembra, mas sim ela é um passado completo, revelando os seus conteúdos ocultos aos novos dias e ao seu ruído confuso. Não é um passado adormecido ali, sem movimento ou gesto. Pelo contrário, é uma carga de doçura, sabedoria e caos do passado, irrompendo nos detalhes da vida diária como o fogo, a água ou o rastejamento do desejo.

Lembro-me, desde a minha primeira visita a Sanaa, de como fui levado pelas brisas que sopravam sobre mim desde as suas casas contíguas umas às outras e janelas cheias de incenso e nostalgia. Fiquei deslumbrado com a visão do céu curvando-se sobre os telhados, cercas e colinas suburbanas misturando-se com aquele chamado espiritual que se elevava com os suspiros dos altos minaretes das mesquitas.

Foi uma cena muito majestosa e emocionante, principalmente quando o chamado à oração se espalhava, misturando-se com a brisa da madrugada, fundindo-se naquela névoa suave. O barulho das torres de Sanaa despia-me dos meus laços terrenos, trazendo-me de volta a mim mesmo. Enquanto ouvia o chamado à oração, era tomado por uma vontade avassaladora de entrar em sintonia com aquela madrugada de Sanaa, que me fazia sentir puro e leve. Um vento verde me leva para longe das frias paredes de alabastro do Hotel Sheba. Eu não sabia, antes daquela noite cuja escuridão estava prestes a derreter, que o som por si só poderia fazer tudo isso comigo. Não exagero quando digo que não conheço uma cidade como Sanaa, que combina entre as fissuras das suas pedras o passado e o presente e esconde por trás da sua aparente simplicidade uma complexidade extremamente rica e fascinante. É uma cidade verdadeiramente desconcertante, que se lança ao presente com uma ânsia irresistível, mas ao mesmo tempo deixa uma parte de si plantada no passado, onde se encontram a poesia, os mitos e a sabedoria da terra.

3

Em Sanaa, havia duas ruas com as quais nós, como professores, tínhamos um relacionamento diário. A rua que liga o alojamento universitário e a rua circular que conduz ao edifício principal da universidade. No cruzamento destas duas ruas, existe um monumento com uma frase muito significativa: "A sabedoria é iemenita". Cada dia que passou desde que estive na cidade me aproximou do caráter do iemenita: astúcia espontânea e intuição infalível, cujo objetivo é compreender e abreviar o debate ou vencê-lo se quiser.

Além disso, ele tem uma filiação genuína a todas as dores e aspirações que cercam os árabes. Ainda me lembro do que um jovem iemenita me disse. Estávamos juntos num dos pequenos carros de transporte público da rua Al-Zubairi, que chamam de Dabbab. Quando soube que eu era iraquiano, comentou com pura espontaneidade: tenho que fazer a ablução antes de mencionar o nome do Iraque. Os iemenitas tinham uma forte simpatia pelo Iraque e grande fé nos talentos do seu povo que trabalhava ali em diversas especialidades.

Numa tarde ensolarada, percebi a sabedoria do homem iemenita. Uma briga eclodiu entre dois jovens iemenitas e ambos estavam armados com uma janbiya, que é uma grande adaga curva. A contenda rapidamente se intensificou e evoluiu para uma briga violenta e o sangue começou a escorrer de seus rostos.

Eu, juntamente com outros, tentamos apartá-los, mas a maioria das nossas tentativas foi quase em vão. Estávamos diante de uma explosão de raiva que não acalmava facilmente. Tínhamos medo de que este conflito evoluísse para a utilização das adagas. No entanto, a surpresa, para nós, foi que nenhum dos dois jovens puxou a arma. A sabedoria e a compostura iemenitas estiveram presentes, apesar de todo aquele sangue, de uma forma surpreendente. Mais tarde ficou claro para nós que a janbiya não é retirada da bainha, segundo o costume iemenita, exceto com a intenção de matar, uma intenção irreversível. Porque, para um iemenita, devolver a adaga à bainha, pura e brilhante, sem pingar sangue, enquanto está num confronto real, é algo que não convém à sua masculinidade. A raiva dos dois jovens, apesar do confronto sangrento, não tinha a intenção de matar? Talvez. Portanto, a sabedoria dissuadiu cada um deles de sacar sua adaga mortal até aquele momento.

A janbiya, na vida de um iemenita, tem uma grande importância, pois não é apenas uma arma que ele carrega para usar na estrada ou nos seus bandidos. Pelo contrário, é também, e por vezes principalmente, um ponto de partida fértil para muitas conotações semióticas. Um indicador social, religioso ou étnico. Carregar uma janbiya pode ser um sinal de riqueza quando é feita com cabo de marfim e incrustada com ouro e pedras preciosas e geralmente é cara. Além disso, a forma como é usada, no meio ou inclinada para o lado, pode determinar sua indicação de status nobre e alta linhagem.

4

Ainda me lembro até este momento do primeiro dia em que vi Sanaa, em meados dos anos 80. Comecei esse dia visitando a sua universidade, onde conheci pela primeira vez o seu presidente, o grande poeta Abdulaziz Al-Maqaleh. Ele foi uma personalidade influente, em quem o calor, a inteligência e a espontaneidade do iemenita se combinavam com uma harmonia incrível. Leitor profundo e seguidor sem igual das transformações culturais e políticas em curso no mundo árabe, dos nomes que aparecem e das novas publicações.

Ao meio-dia, o barulho do telefone me acordou de um cochilo que ainda não havia aprofundado. O motorista estava me esperando no saguão do hotel para me levar para Al-Maqil.[28] Esta palavra não era completamente nova para mim, como já a tinha ouvido antes, ou assim pensava, talvez pelo parentesco etimológico entre ela e a sesta (em árabe, Al-Qailula), pois nós, no Iraque, estávamos habituados a dormir ao meio-dia para escapar ao seu calor infernal.

Após a minha estadia em Sanaa, familiarizei-me até certo ponto com o mundo de Al-Maqil, embora a minha participação nas suas sessões fosse seletiva e esporádica, pois não encontrei nada que me tentasse a continuar a mastigar o khat.[29] No entanto, gostei muito das discussões levantadas no Al-Maqil que frequentava. Foi sempre diverso e muitas vezes profundo, como se fosse um espelho que refletisse, com grande vitalidade, a consciência e a inteligência do iemenita e a sua posição na vida, nas pessoas, na autoridade e nos acontecimentos mundiais.

5

As sessões de Al-Maqil geralmente começam por volta das três da tarde e terminam às sete da noite ou por aí. No entanto, os preparativos para o Al-Maqil iniciam por volta do meio-dia, à medida que as pessoas se aglomeram nos mercados de khat espalhados pelas ruas e bairros de Sanaa. As ruas e vielas estreitas da cidade estão repletas do aroma de uma planta verde. O khat varia em seus tipos, preços, áreas

---

28 Al-Maqil no Iémen, antes de ser o conselho em que as pessoas se reuniam, principalmente para mascar o khat, é a mesa dos amigos, a sala de reuniões, a plataforma cultural, o conselho de família ou o lugar dos filósofos. Os rituais do Al-Maqil diferem de acordo com os propósitos daqueles que se reúnem.
29 O khat é uma planta angiosperma originária das regiões tropicais da África Oriental e da península Arábica. Esta planta contém o alcaloide conhecido como catinona, um estimulante que se assemelha à anfetamina, provocando estados de excitação e euforia. É amplamente utilizada no Iémen.

de cultivo e na força de seu efeito. Seus tipos mais famosos são Al-Shami, Al-Dhalai e Al-Arhabi, e há quem o conheça bem só de olhar suas folhas.

Existem protocolos para o Al-Maqil iemenita que alguns de nós que moramos em Sanaa às vezes ignoramos. Trocar saudações, por exemplo. Para os iemenitas, muitas vezes basta dizer: A paz é uma saudação. Uma frase resume todas as boas--vindas e substitui um aperto de mão ou um abraço. Quanto ao aperto de mão, não é aconselhável limitá-lo a alguns dos participantes, a menos que você ou eles estejam entre os convidados ou retornem após uma longa ausência. Exceto isso, a pessoa que chega ao local de residência, se for cumprimentar com um aperto de mãos, deve fazer com todos os presentes. A sessão de Al-Maqil tem um ritual especial, seguido por quem mastiga o khat ou por quem quer armazená-lo (manter dentro da boca por um certo tempo), que é o nome comum. Notei que eles colocavam as almofadas embaixo do braço esquerdo, deixando a mão esquerda segurando o galho de khat, enquanto a mão direita permanecia livre, com a qual comiam as folhas verdes e bebiam água ou refrigerante.

Para quem vem a Sanaa, Al-Maqil é uma experiência incrível: os vindos para o Al-Maqil se reúnem, cada um carregando seu feixe de galhos de khat molhados, embrulhados e brilhantes. Assim que ele toma seu lugar no conselho e o pacote de khat é colocado à sua frente, ele começa a comer suas folhas verdes e macias com claro êxtase.

O poeta Dr. Abdulaziz Al-Maqaleh costumava ser um dos primeiros a comparecer ao Al-Maqil, que eu frequentava. Muitas vezes, ele também era um dos primeiros a sair. Com a sua perspicácia e carisma pessoal, Al-Maqaleh era considerado o centro emocional, intelectual e literário do encontro. A sua simples presença na reunião conferia-lhe um sabor e uma profundidade especiais. Ele entrava carregando um maço de khat em uma das mãos e uma coleção de jornais, revistas e livros recém-chegados na outra. Ele costumava distribuir grande parte de seu pacote de khat, em particular, aos convidados árabes presentes. Ele era elegante e calmo, sendo também econômico ao consumir khat e ao falar, apesar de sua profundidade e inteligência. Além do Dr. Al-Maqalih, Al-Maqil tinha pilares permanentes representados por personalidades cujos rituais e atmosfera não seriam completos sem a sua presença animada: Khaled Al-Ruwaishan, Muhammad Abdel Salam Mansour, Hatem Al-Sakr, Abdul Reda Ali, Abdul Razzaq Al-Rubaie, Ali Al-Habouri, Abdul Karim Al-Razhi. Entre eles, destacavam-se também os já falecidos Ahmed Al-Marouni, Suleiman Al-Issa, Shaker Khasbak, Hassan Al-Lawzi, Zaid Mutee Dammaj, Abdul Latif Al-Rabie, Ahmed Qasim Dammaj, Ibrahim Al-Jaradi, Karim Jatheer e Adnan Abu Shadi. Mencionam-se ainda Kamal Abu Deeb, antes de sua mudança para a Universidade de Columbia e, posteriormente, para a Universidade de Londres, e Hossam Al-Khatib, sempre que vinha de Taiz para nos visitar, sendo então o reitor da Faculdade de Letras.

Al-Maqil normalmente no início costuma ser disperso e simples. Com o tempo, começa a completar-se gradualmente e atinge então o auge do seu brilho quando as suas partes se reúnem sobre um tema para discussão, muitas vezes sugerido pelo poeta Al-Maqaleh, com o que o levou de livros e revistas. A poesia sempre teve uma presença marcante junto de um público conhecido pela sua natureza pura e elevada paixão por ela. Na maioria das vezes, fui designado para ler textos poéticos distintos selecionados.

Em algumas sessões, a discussão chega ao ponto de grande interação e, às vezes, ao ponto de desacordo entre algumas partes. Ainda me lembro de uma das sessões em que ocorreu uma discussão entre um dos meus amigos professores iraquianos e eu. Não sei por que me lembrei, e continuarei a lembrar, dessa discussão em particular. Meu amigo conhecia bem a prosódia da poesia árabe e suas interpretações, mas quando a discussão começou e tomou vários rumos, tocamos no poema moderno e na necessidade de olhar para sua prosódia sob uma nova luz. O fluxo da discussão vacilou e a voz do amigo ficou pálida, misturada com algo que parecia autodefesa. Depois de um ou dois anos, e já trabalhávamos num departamento científico, meu amigo publicou um livro sobre poesia árabe. Estava repleto de evidências poéticas para todos que sabiam compor poesia: de todas as épocas, de todas as tendências, de todas as nacionalidades e de todas as idades, com exceção de um poeta, que já foi um de seus amigos um dia.

Existem características emocionais comuns a todas as sessões Al-Maqil: com o tempo, o cheiro das conversas, o sabor do khat e a brisa noturna aumentam em uma mistura animada. Até que o moderador conclui o tema da discussão e o Al-Maqil, aos poucos, vai se esvaziando até o seu final. As conversas são limitadas, a princípio sussurradas e quase audíveis, entre pequenos grupos de pessoas, depois a prata da fala começa a desaparecer e os presentes começam a evaporar um após o outro, sem ordem, nem aglomeração, e mesmo sem uma despedida clara de alguns às vezes:

> *No Al-Maqil que não permanece Maqil...*
> *Vejo algumas pessoas se esforçando para ficar sóbrias ou muito alucinadas*
> *No entanto, há quem transcenda ambos os casos*
> *Colocando no fio do poema*
> *Ambas as mãos...*

6

Comecei meu trabalho na Universidade de Sanaa em 1991, como professor visitante e em regime de contrato, no ano seguinte. Muitos professores árabes trabalhavam na universidade. Mas a sua porcentagem no Departamento de Língua Árabe da Faculdade de Artes diminuía a cada ano. Algo que não entendi no início, mas com o passar dos dias as coisas foram ficando mais claras.

Mais de seis anos e foram alguns dos anos mais vibrantes e bonitos da minha carreira docente universitária. O departamento era administrado pelo Dr. Tariq Najm Abdullah, que sempre foi conhecido pela sua calma e elegância. Para mim, aqueles anos testemunharam um período de disponibilidade para participar em conferências e seminários, durante os quais publiquei vários dos meus livros de poesia e crítica e durante os quais conheci um grupo de poetas e professores visitantes. Entre o seu conselho em Al-Maqil e o seu gabinete na universidade, não houve nenhum momento especial para o Dr. Abdulaziz Al-Maqaleh, pois foi exposto a intrusões e pressões por parte de auditores ou de quem procurava ajuda em muitas ocasiões. Al-Maqaleh teve um papel esclarecedor semelhante ao de Taha Hussein, nas palavras de Gaber Asfour numa das suas palestras na Universidade de Sanaa. Apelando à modernização da mente, da linguagem, da imaginação e dos métodos de pesquisa e ensino, Al-Maqalih era o mais merecedor dos muitos títulos que o rodeavam. Ele tinha uma cultura esclarecida e uma integridade de consciência incomparável. Esses títulos não foram fonte de satisfação para alguns dos iemenitas que trabalharam com ele na universidade. O que havia dentro de si e a extensão de seus desejos e visões para a universidade eram mais distantes e mais belos do que o que lhe era oferecido por uma realidade acadêmica necessitada de renovação em muitos de seus aspectos.

Alguns professores árabes pagavam um preço invisível pela sua adesão a esta nova visão que Al-Maqaleh procurava como poeta, pensador e diretor universitário. A amizade com este grande símbolo ou a proximidade com seu pensamento iluminista exige um alto preço. A primeira coisa que notamos foi que o Departamento de Língua Árabe começou a ficar desprovido, aos poucos, daqueles que eram considerados modernos na literatura, no pensamento e na vida. Os contratos de muitos deles foram rescindidos ou transferidos para o Centro de Línguas, que se tornou ponto de encontro de muitos professores de literatura e línguas, como Ibrahim Al-Jaradi, Mohsen Atemesh, Ali Jaafar Al-Allaq, Abdul Redha Ali, Abbas Tawfiq, Jabbar Al--Lami, Muzahim Al-Baldawi e Jassim Al-Zubaidi.

7

Antes de se mudar da Universidade de Sanaa, o Dr. Kamal Abu Deeb, um dos rostos enriquecedores de Al-Maqil no Sanaa, e eu nos encontramos em 1991, na Universidade de Sanaa, durante um semestre. Ele estava prestes a sair para trabalhar na Universidade de Columbia e depois na Universidade de Londres, enquanto eu havia recentemente ingressado na Universidade de Sanaa para trabalhar como professor visitante antes de ser contratado para trabalhar permanentemente.

Nossa amizade remonta ao início dos anos 1980. Na altura, eu trabalhava como editor-chefe da revista Al-Aqlam enquanto Abu Deeb trabalhava, antes de me mudar para a Universidade de Sanaa, como professor na Universidade de Yarmouk, na Jordânia. Durante esse período, escreveu os seus estudos estruturais mais marcantes, alguns dos quais publicou na revista Al-Aqlam. Ouvi o nome dele, pela primeira vez, do falecido Jabra Ibrahim Jabra, que falou dele com admiração. Isto ocorreu durante a publicação de seu controverso livro: *Sobre a estrutura rítmica da poesia árabe: em direção a uma alternativa radical à prosódia de Al-Khalil*. A nossa amizade estendeu-se a nível pessoal e familiar, mesmo depois de ele ter ingressado na Universidade de Londres, onde lá me hospedou, mais de uma vez, no seu apartamento em Londres e em Oxford. Há um lado de diversão sofisticada em Kamal Abu Deeb que talvez não seja conhecido por quem se contenta apenas com sua produção crítica, que sempre se caracterizou por sua elevada seriedade.

O Al-Maqil do Dr. Abdul Aziz Al-Maqaleh era por vezes realizado no apartamento de Abu Deeb, visto que ele vivia sozinho em Sanaa. Num de seus momentos de alegria, ele me perguntou se eu tinha outro filho além de Wisal e Khayal. Quando lhe respondi negativamente, ele disse, com súbitos sinais de espanto iluminando seus olhos felizes: Eu também só tenho duas filhas: Umayyah e Reham. Antes de eu lhe perguntar sobre as implicações desta descoberta, ele disse que tinha uma teoria que vinha contemplando há algum tempo: toda pessoa criativa tem duas filhas! Mas isso precisa de mais provas.

Eu disse a ele, como se lhe acrescentasse novas evidências: Adonis tem duas filhas.
Ele disse: Al-Maghout também tem duas filhas.
Eu disse: E Mamdouh Adwan também.
Continuamos indo... Cada vez que eu adicionava um novo nome a ele, Abu Deeb acrescentava outro nome. Assim, ele ficou cada vez mais feliz com sua teoria a cada nome adicionado à lista!
Eu disse a ele, para dobrar a alegria: E fulano também.
Aqui aconteceu algo inesperado: mencionei-lhe um dos nomes críticos mais conhecidos e não sabia que havia uma aversão estrutural mútua entre ele e o dono do nome. Kamal Abu Deeb apagou-se de repente e aquela rouquidão distinta em sua voz turva diminuiu quando ele disse:
– É isso, está tudo perdido, a teoria está perdida.
Eu disse a ele, na tentativa de devolver a conversa ao tom de brincadeira:
– É a exceção que confirma a regra.
Ele riu baixinho, murmurando: Sim... sim.
Quando ele olhou pela janela do Al-Maqil para as colinas dos subúrbios distantes, percebi que ainda não havia conseguido trazê-lo de volta à sua alegria habitual.

O poeta e o emprego

1

Uma bela e fugaz narrativa de um poeta, que trabalha como professor numa universidade ocidental, é um pássaro prestes a morrer. O passarinho estava agarrado a um galho molhado, balançando com o vento forte de outono: desceu com o galho até bater na janela e subiu novamente até quase derreter na chuva. O poeta não suportou esta cena. Que liberdade e que universo florescem fora de sua janela, longe do cheiro de giz e do ar da sala de aula? Que tipo de pássaro amigável é esse que o convida a segui-lo? O poeta, enquanto estava entre seus alunos, não suportava o chamado de um pássaro em um dia de tempestade e chuva forte. Ele recolheu seus papéis e se despediu de seus alunos, e essa foi a última vez que lecionou.

Um pássaro do tamanho de um palmo conseguiu despertar na consciência deste poeta o seu sonho adormecido há anos e arrancá-lo da sala de aula e da secura das provas. Se este poeta estava tão sufocado por trabalhar numa das universidades mais prestigiadas do ocidente, a mais alucinante e que celebra a imaginação e o pensamento humanos, é possível imaginá-lo como funcionário de um departamento governamental, num país vacilante do nosso oriente inativo, por exemplo?

2

Talvez não se possa imaginar um poeta como Al-Jawahiri, Nizar Qabbani, Adonis, Saadi Youssef, Al-Maghout, Sargon Boulos ou Mahmoud Darwish trabalhando como funcionário público, carregando os arquivos de uma sala para outra ou escrevendo em uma máquina de escrever ou se afogando na poeira dos arquivos e na multidão de revisores. É difícil imaginar alguma dessas pessoas ouvindo, tremendo, a repreensão de seu gestor direto ou superior por estar atrasado para o expediente oficial, por exemplo. Ou imaginá-los parados, silenciosamente, numa longa fila para assinar o ponto de presença na saída.

Talvez um ano após o seu regresso ao Iraque, o poeta Saadi Youssef escreveu um dos seus mais belos poemas, *Variações tropicais*. Ele lamentou profundamente seu retorno e, naquele poema complexo, cheio da correria do tempo e do embate dos lugares, havia um trecho que passava perfurando as profundezas do poeta, enquanto ele estava todas as manhãs em frente ao elevador do departamento:

> *O que aconteceu com você?*
> *A Argélia era um país vasto... assim como a África*
> *Em cada fazenda havia uma floresta como... África*
> *Em cada cruzamento havia uma palmeira como a África*

Como em muitos de seus poemas, Saadi cria uma pasta poética quente a partir dos fragmentos de sua vida que muitas vezes caracterizaram seus poemas. Há crueldade, neste poema, consigo mesmo. Aparar as unhas do ego e esfregar as feridas com sal. Nesse poema, ele se arrepende de ter deixado o paraíso do exterior e retornado ao início da terra:

> *E aqui está você, derrotado: entrando no elevador às oito horas*
> *O elevador desce às quatorze horas*
> *Que inimigo que continuou me expulsando e me perseguindo em terras distantes*
> *Que inimigo que eu estava vendo nas árvores*
> *Que eu o devorava nas falas do jornal*
> *E na queda do fruto*
> *O poema foi dilacerado por uma enxurrada de apelos:*
> *É esse lamento que eu costumava chamar de lar*
> *Orei por ele e aguentei sua tolice.*
> *Ousei reivindicar o que vi por pertencer a ele*
> *Ó primeira pátria...*
> *Estamos murchando*
> *O cabelo grisalho alcançou nossos filhos...*
> *Ó futura pátria...*

3

A poesia e o emprego. Ou seja, uma contradição grosseira entre dois significados. O trabalho, na maior parte, significa apenas a necessidade ou inevitabilidade máxima: te puxa para onde é preciso alimentar o corpo físico. Quanto à poesia, esta palavra mágica, não há lugar para ela senão lá: no outro lado, carregado de subjetividade, onde o interior humano está em sua fúria e brilho e onde o sonho está em seu fluxo livre como o vento ou a imaginação em sua manipulação da lógica estrita, das coisas, da linguagem e dos hábitos de recepção.

Ao falarmos desta ligação sempre tensa ou raramente relaxada entre poesia e o emprego, lembramo-nos de muitos escritores que viveram este inferno cotidiano e provaram a sua amargura. O resultado desta luta foi por vezes a favor da poesia e da escrita, quando o poeta se rebelou contra a tirania do trabalho e o abandonou ou lutou bravamente contra a adaptação a ele ou o vício nele. Mas há muitos escritores para quem o trabalho se transformou numa almejada escravatura que obscurece o seu prazer adulterado. Isto é o que o emprego geralmente representa, o definhamento diário do corpo e o esmagamento da alma a cada momento.

É preciso dizer que o problema nem sempre está no trabalho em si, pois nem sempre é um insulto ou uma traição à criatividade. O problema está na relação do criador com o emprego e na natureza do seu sentimento em relação a ele. Quero dizer a distância que o separa dele e o impede de se reconciliar com ele. Ou, em outras palavras, em sua rejeição à afiliação ao rebanho. Não era T. S. Elliot que passou parte de sua vida como funcionário importante de um banco? Embora este exemplo e outros não aliviem nosso sentimento de dura oposição entre criatividade e trabalho diário, há na composição de Eliot, talvez, o que o torna o mais rigoroso dos escritores tanto em sua escrita quanto em sua disciplina intelectual: ele não disse que ele era um classicista na literatura, um monarquista na política e um católico na religião?

Porém, nas profundezas do criador, permanece uma mácula que é difícil de curar, na maioria das vezes. Isso torna difícil para ele se adaptar à natureza coercitiva do trabalho diário, por isso ele deve olhar constantemente pela janela. Para um pássaro molhado que não existe.

4

O ano de 1967 foi muito amargo para mim, pois foi a primeira vez que tentei entrar no mercado de trabalho profissional, após deixar a universidade devido às terríveis dificuldades financeiras que minha família enfrentava na época. Na ocasião, eu era estudante do Departamento de Inglês da Faculdade de Letras da Universidade de Bagdá. Ainda me lembro que o Dr. Abdel Wahed Luluah era chefe do Departamento de Inglês e sua esposa, a Sra. Maryam Abdel Baqi, era professora do departamento.

Ambos foram extremamente gentis e generosos em suas relações comigo. Eles não me olhavam apenas como um de seus alunos, sabiam, através do grande criador Jabra Ibrahim Jabra, que eu escrevia poesia e que tinha sérias tentativas críticas. O professor Jabra sabia o que eu estava enfrentando. Ele ligou para o Dr. Luluah pedindo-lhe que me ajudasse a superar essa circunstância. O Dr. Luluah fez um esforço ímpar para evitar que eu abandonasse os estudos e parece que a situação deixou de ser apenas um problema financeiro, mas se transformou em um estado psicológico que perturbou meu humor e me impossibilitou de continuar estudando.

Meu trabalho na cidade de Baqubah me colocava numa corrida diária no início do dia. Indo e voltando para Bagdá diariamente. O pior de tudo isto é que se trata de um trabalho relacionado com contas e emissão de documentos. Eu estava sufocando a cada momento e meu sentimento de alienação do trabalho e do ambiente de trabalho equivalia a ódio por tudo. Fiquei horrorizado com cada detalhe associado a esse trabalho ou que me lembrasse dele: o talão de cheques, o livro razão, os selos do departamento. Na verdade, comecei a sentir aversão, às vezes até mesmo dos clientes. Eu me arrependi de ter deixado os estudos de uma forma inacreditável. Se eu não tivesse conhecido alguns jovens talentosos da cidade, provavelmente nunca teria suportado o pesadelo do trabalho.

Após cerca de um ano, e após inúmeras tentativas, mudei-me para Bagdá, mas para exercer o mesmo trabalho no Tesouro central. Um trabalho que não carecia de atrativos e que me livrava da missão de conciliar o trabalho diurno com os estudos noturnos na Universidade Al-Mustansiriya. Éramos um grupo de pessoas que escreviam poesia: Hamid Saeed, que desempenhou um papel inesquecível na minha salvação do pesadelo de trabalhar em contas e na minha transferência para o Ministério da Cultura, Mohsen Atimesh, Shaker Al-Samawi, Hussein Al-Allaq, Ali Al-Yasiri, Hussein Al-Rifai, Sabri Muslim, Abd Al-Rida Ali, Abd Alilah, Alsaig e outros...

5

Fiquei surpreso, em 1976, quando fui nomeado para trabalhar na Organização Geral de Cinema e Teatro como diretor de teatro e artes populares. Fiquei cerca de dois anos naquela instituição, dirigida pelo poeta Abdel Amir Maalla, durante os quais li muitos textos teatrais, locais, árabes e internacionais. O trabalho foi cansativo pelos muitos detalhes, mas não foi sem prazer, principalmente quando se tratava de frequentar o treinamento dos atores para memorizar seus papéis, a leitura das peças em grupo, a prática da atuação movimento e depois completar o trabalho na sua forma final. Uma viagem interessante em que o texto passa da linguagem ao palco. Os poetas Abdel Amir Maalah e Rashid Yassin estavam entre os meus colegas mais próximos nesse trabalho. Também tive bons contatos com um distinto grupo de grandes diretores iraquianos: Yahya Haqqi, Jassim Al-Aboudi, Ibrahim Jalal, Sami Abdel Hamid, Badri Hassoun Farid, Qasim Muhammad Saadoun Al-Obaidi e Salim Al-Jazairi.

O poeta Abdel Amir Maalah era um poeta de sessenta anos que aparentemente não encontrou o seu lugar entre os sexagenários e não alcançou o status poético a que aspirava. Mas ele era um ser humano, como experimentei de perto, com uma natureza pura. Ele praticava seu trabalho com uma paixão incomparável, como se fosse um substituto para seu poema perdido. Naquela época, ele vivia os melhores anos de sua vida, o sucesso administrativo e partidário e os holofotes da fama que lhe veio quando o ex-presidente iraquiano Saddam Hussein o escolheu para escrever um romance sobre sua vida cheia de perigos e desafios, intitulado *Os longos dias*, que mais tarde se transformou em um filme conhecido.

Após um desentendimento com ele sobre assuntos relacionados ao trabalho, voltei para a revista Al-Aqlam e depois trabalhei por um curto período na revista Cultura Estrangeira, que estava programada para ser publicada pela primeira vez. Meu amigo, o poeta Yassin Taha Hafez, e eu estávamos trabalhando juntos na preparação do primeiro número. Não fiquei muito tempo neste lugar, pois viajei para Londres para concluir meus estudos, e Yassin Taha Hafez assumiu a editoria com grande eficiência.

Filhos da água, do fogo e da ausência

I

Quando o sol nasce intensamente nos dias amenos de inverno, seus raios quentes gradualmente se espalham pelas dobras do ar frio. Nossas casas simples revelam suas partes mais quentes. São as paredes que ficam voltadas para o sol, mas não para o movimento do vento. É como uma área onde o calor se concentra. Este lugar é geralmente chamado de Al-Kosar. Ali, naquele lugar, meu pai muitas vezes nos reunia nos dias de inverno.

Ele era um pai atencioso e rigoroso ao mesmo tempo. O mesmo início nos uniu: a maioria de nós aprendeu a ler e escrever na mão dele. Depois os destinos de cada um de nós diferiram mental, psicológica e socialmente. Nosso irmão mais velho era o mais próximo, entre nós, da rebeldia contra as ordens de memorização e doutrinação. Portanto, a tribo e, posteriormente, a filiação partidária afastaram-no até de si mesmo. Fui mais rápido do que os meus irmãos a expressar inclinações literárias, até certo ponto claras, e que dominaram todos os meus percursos de vida, tanto no início como no fim.

A meditação e as leituras religiosas também eram os maiores interesses do meu irmão mais novo na vida e na morte. Quanto ao nosso irmão da segunda esposa do meu pai, ele não aprendeu a ler bem por causa do carinho às vezes excessivo da mãe por ele. Ela não hesitou em tirá-lo do nosso meio para libertá-lo da dureza e das exigências dos estudos. Assim, nós, irmãos, não éramos parecidos no fundo, em nada básico, exceto pelo fato de sermos filhos de um pai e duas mães, uma das quais morava em uma casa longe de nós, perto dos irmãos dela, apesar do bom relacionamento entre elas que todos atestavam. Contudo, os nossos destinos divergiram em grande medida: éramos filhos da água por excelência e depois fomos alvos do fogo, quando este consumiu alguns de nós. No final, éramos filhos da ausência.

2

Uma das coisas mais lindas que tínhamos em comum, e talvez a mais triste, era que tínhamos uma única irmã. Ela cresceu entre nós e compartilhamos seu amor. Ela sempre nos cativou, como todos ao seu redor, com sua inocência e sua pureza e maternidade, mesmo antes de se tornar esposa ou mãe e apesar de sua vida em que não estava completamente satisfeita. Ela se juntou a nós em Bagdá com sua família e morou perto de nós. Um dia, ou talvez um dia triste, ela escolheu nos deixar do seu jeito, deixando em mim uma marca que não foi fácil de apagar, e nunca será:

> *Ficamos impressionados com o método dela*
> *Para se ausentar:*
> *Não se despediu de um irmão...*
> *Não se despediu de um amor ou de um filho...*
> *E não abriu para os socorristas uma porta...*

O fogo a tirou de nós na manhã de um dia que jamais esquecerei. Eu estava no terceiro ano do ensino médio. Quando soube o que havia acontecido, depois de voltar para casa uma tarde, meus dias começaram a ficar desprovidos daquela abençoada irmã. Antes de abrir a porta do seu quarto de hospital, fui atingido por um cheiro muito puro e forte: carne humana queimada que ainda escorria sangue, e a porta entreaberta forçada à primeira palavra de um murmúrio que se aproximava, e era o início de um poema que se debateu numa marinada de sangue e carne queimada. O cheiro daquela tragédia continuou a subir da minha alma sempre que me lembrava daquele incidente de morte. O poema foi posteriormente publicado na revista Beirut Al-Adib em uma de suas edições publicadas no início dos anos 60.

Sempre me vem à mente a incrível fala de Bachelard sobre o fogo e seu poder purificador depois de alcançar tudo, o queimar e o banir da existência. No entanto, quando seguro o fio que liga o que o fogo fez, naquele momento, na época daquele menino que eu era, mergulho e revivo aquele terrível incidente. O próprio fogo deve ter-se tornado mais puro e mais nobre quando se libertou da sua dimensão maligna e infernal, depois de ter tocado um corpo com essa pureza e uma alma com aquele esplendor majestoso.

Esta cena se repete na minha frente continuamente. E o passado volta para mim com uma chama mais forte e um cheiro mais amargo: retiro a primeira palavra do novo poema e entro ao texto inteiro. O mesmo cheiro sopra em mim. O mesmo momento. O mesmo acontecimento, depois de todos aqueles longos anos:

> *De repente ela abraçou seu fogo*
> *E continuou consumindo a chama amarga*
> *Até que ela viu algumas de suas entranhas...*
> *Aquela nação de Deus, colocando a pradaria aos seus pés*
> *Ela vai para a morte livre*
> *Como o ar...*

3

Fiquei diante da segunda morte, uma pausa que foi uma mistura de confusão e medo que crescia a cada dia. Não houve morte real, mas um tipo diferente de morte. Suspenso. Se assim posso dizer. Seu herói ou vítima, não importa, foi meu irmão mais novo. Ele era mais novo que eu três anos ou menos. Mas ele é duas ou mais mortes velho que eu. Ele me deixou no final do ensino médio. Depois que ele misturou suas leituras religiosas com parte da herança literária e misturou a textura da geografia como um jogador de xadrez mistura os componentes do jogo, nem por malícia nem por malandragem. Pelo contrário, contém o ascetismo da simplicidade ou a fragilidade do iniciante no treinamento durante longas ausências. De Bagdá, Kirkuk, Sulaymaniyah, a Mannheim, na Alemanha. Então a corda se estreita e o silêncio se expande entre incógnitas que não têm começo nem fim. Ele foi tomado pela ausência de medo ou cautela ou antecipação de fatos. Então aparece novamente depois que a mão do Estado nos presenteia com ele. Ele facilmente despertava as suas suspeitas. Quando a boa-fé faz com que ele se coloque sob suspeita.

Havia tanta semelhança entre nós quanto havia dessemelhanças e profundidade na diáspora. Ansiamos por encontros e nos afastamos deles por acaso ou coincidência tola:

> *Quanto quebramos...*
> *Quantas vezes o bastão dos erros nos atinge sem piedade...*
> *Quem entre nós tomou precauções contra a dor da ausência?*
> *Qual de nós prestou atenção?*
> *Quão rude era a semelhança entre nós!*

Antes de eu partir para Sanaa, depois da Guerra do Kuwait, em 1991, ele fez a sua grande ausência, como é dito em narrativas religiosas bem conhecidas. Mais de trinta anos. Depois que o país foi destruído em cima do seu povo e os conflitos se espalharam e muitas pessoas foram sepultadas na terra e muitas também emergiram dela, o povo foi exigir os ossos de seus mortos. Porém, Gilgamesh procurou os ossos de seu irmão mais novo, mas não os encontrou entre os mortos, nem entre os vivos, então voltou carregando sua trouxa vazia.

Especificamente em 2014, uma pequena galáxia de luz inacreditável explodiu de repente em toda a minha alma. Meu irmão reaparece na Terra após sua longa morte. Em busca do que restou da sua pátria e dos que restaram de sua família e amigos. Ele tentava reunir o que foi arrancado de seu ser como resultado do engano. Sua voz me levou de volta à nossa infância compartilhada, mas mesmo assim despertou em mim um amargo julgamento que corroeu minha paciência e minha linguagem ao longo dos anos de silêncio:

> *Há vinte séculos que canto ao ar...*
> *Você não pegou uma partícula do chamado?*
> *Você não viu um pássaro murcho durante o sono?*

> *Um país onde não há plantio?*
> *Os restos mortais de um bêbado*
> *Ele chora em cada túmulo que encontra...?*

4

Os tempos e lugares de ausência reuniam-se, curavam-se, estreitavam-se, encurtavam-se e desapareciam em algo semelhante ao nada. Então todas as nossas conversas se concentram, depois disso, em um momento único: a data de sua chegada aos Emirados Árabes, onde eu moro. Senti que por trás de sua voz pálida havia decepção que se estendia como uma longa caravana. Decepção com aqueles que o decepcionaram e com aqueles que por eles retornou. Ele viu diante de si aqueles que o sequestraram de seus dias de ontem e aqueles que lhe venderam muitas ilusões que ele pensava que um dia seriam um substituto para uma pátria-mãe, com todos os seus rios, céus e talentos.

Ele, asceta, inocente e indefeso, viu-os encher o ar do país de ignorância e ódio. Ainda hoje, eles comercializam as mesmas ilusões e mentem para Deus a todo o momento. Enquanto eu olhava em volta, esperando que ele chegasse, havia, do outro lado da vida, na distância que não estará mais perto, uma prostração que ele não havia completado e houve algum arrependimento no tapete da oração. Não tenho escolha senão chorar por ele, mais uma vez, o choro das mulheres enlutadas.

Uma cidade nascida do farfalhar de duas palmeiras

I

Havia uma leve escuridão que se afastava gradualmente do aeroporto de Al-Ain, carregando consigo um punhado de estrelas da noite anterior, abrindo caminho para um pequeno amanhecer, reunindo-se perto do aeroporto e avançando, transparente e quente, em direção ao salão de passageiros. Aquele amanhecer não estava totalmente completo no momento, mas estava em seu início, uma mistura de escuridão que se afastava e uma manhã quente que começava a se formar. E, durante um dos meus poemas, surge uma transmissão espiritual com esta cidade, transbordando de tudo o que a alma teme do desconhecido que vem:

> *Talvez você seja minha tristeza que nunca cessa*
> *Minha saudade não diminuirá*
> *Minha atenção que não para*
> *Você será uma música que me joga*
> *Entre o Karkh e o Damasco...*
> *Então o poema chega ao seu final confuso:*
> *E aqui estou, depois de vinte desastres...*
> *Tropeço na luz pela confusão*
> *Então eu jogo fora minha bengala*
> *no escuro...*

O aeroporto de Al-Ain não era grande. Mas ele estava radiante e aconchegante. Isso me lembra, até certo ponto, o Aeroporto de Sanaa, de onde costumava viajar durante os seis anos em que trabalhei como professor na universidade de lá. Embora o Aeroporto Al-Ain fosse mais moderno, ambos os aeroportos exalam uma clara intimidade. Não tive outra escolha senão reservar aquele voo da Emirates saindo de Amã, pois estava a caminho de Al-Ain para trabalhar como professor na Universidade dos Emirados Árabes Unidos.

Nós, contratados da universidade, chegamos na madrugada do primeiro dia de setembro de 1997. Nossa estadia foi no Hilton Almadina e tivemos que nos contentar com um leve período de sono, pois havia muito trabalho nos aguardando. Naquela manhã, o saguão e o restaurante estavam lotados de novos professores e dos funcionários da universidade vindo nos buscar. Do lado de fora do hotel, havia um céu de chamas e de um azul puro, mas lá dentro, o assassinato da princesa Diana foi a manchete de todas as notícias daquela manhã quente.

2

Ainda me lembro, com prazer e amor, do dia em que cheguei a esta cidade, meses atrás, para fins de entrevista. Naquela tarde, tive uma reunião com meu amigo Dr. Ibrahim Al-Saafin, que foi e ainda é uma das pessoas mais nobres e uma das amizades mais queridas por mim. Em seus últimos dias, ele foi chefe do Departamento de Língua Árabe após se aposentar da universidade. Estávamos acompanhados pelo Dr. Khaled Suleiman Fleifel, que foi professor do departamento. Depois de almoçarmos, combinamos, Dr. Al-Saafin e eu, de nos encontrarmos no local designado para a entrevista e depois nós iríamos à casa do Dr. Khaled Fleifel para jantar.

Antes de nos despedirmos, o Dr. Al-Saafin mencionou-me uma observação que perturbou muito o meu humor, embora a tenha dito com a sua grande gentileza e o seu sorriso habitual: descobri a vaga à qual estava concorrendo com outros candidatos para o cargo de professor de trabalho dirigido. Tinha ouvido falar deste trabalho. Achei cansativo e talvez pouco atraente. Além disso, o responsável geralmente não é considerado um dos funcionários da universidade que reside em Al-Ain. Em vez disso, deve deslocar-se entre centros de matrícula dirigidos noutras cidades, no Emirado de Abu-Dhabi, em uma espécie de estudo dirigido para estudantes que perderam a conclusão dos estudos universitários e ingressaram para trabalhar em instituições estatais.

Fiquei muito triste com esta informação tardia, que me atingiu como um raio. Eu olhei para o Dr. Ibrahim Al-Saafin lançando um olhar que continha tanta reprovação pela amizade quanto remorso por ter vindo e eu revelei com uma expressão franca o que estava pensando:

"Se eu soubesse da natureza do ofício, teria me poupado o trabalho de vir."

O Dr. Al-Saafin percebeu o estado em que eu estava naquele momento, então ele facilitou as coisas para mim com sua nobreza e leveza de espírito. Fomos para a entrevista e deixei no hotel universitário minhas coleções de poesias, meus livros e meu humor, que poderiam me render a simpatia e interação da banca avaliadora.

3

A banca era composta pelos mais importantes líderes acadêmicos e administrativos da universidade. Hadef Al-Dhaheri, reitor da universidade, Ali Al-Nuaimi, seu vice, Shabib Al-Marzouqi, secretário-geral da universidade, Muhammad Youssef, vice-diretor de Assuntos Científicos, Abdul Wahab Ahmed, reitor da Faculdade de Ciências Humanas e Sociais, e Ibrahim Al-Saafin, chefe do Departamento de Língua Árabe.

A pergunta da banca foi surpreendente em todos os sentidos:

– Por que você decidiu deixar a Universidade de Sanaa?

Tive de expressar com consciência viva os laços culturais, acadêmicos e humanitários que me ligavam ao Iémen e o status que tinha na Universidade de Sanaa com os estudantes, os professores e os funcionários ao longo do meu trabalho lá durante seis anos.

– Estou aqui para agregar experiência acadêmica e um ambiente científico diferente.

Parece-me que minha resposta foi um bom começo para a conversa. Assim, a entrevista decorreu de forma harmoniosa e confortável e a comissão revelou clara nobreza e interação. Especialmente porque sou um dos primeiros professores iraquianos a ingressar na Universidade dos Emirados Árabes Unidos, depois de uma ruptura abrangente no Golfo com o Iraque desde que este invadiu o Kuwait. Em algumas partes da entrevista, parecia um simpósio cultural, poético e humanitário. Estava acontecendo em um bom clima e calor pessoal e a conversa era sobre minhas realizações como poeta, crítico e acadêmico. Foi o que dominou o bate-papo.

À noite, eu estava na casa do Dr. Khaled Suleiman esperando pelo Dr. Al-Saafin. Não tive muita curiosidade em saber a impressão da banca sobre a entrevista, até aquele momento ainda estava de mau humor, do qual não havia me recuperado completamente. O Dr. Al-Saafin entrou com um rosto sorridente, fazendo um sinal de admiração com o polegar:

– Deixou uma impressão incrível neles.

Esta frase não abriu a minha alegria como deveria, pois, a natureza do trabalho não era, para mim, suficientemente excitante. O Dr. Al-Saafin percebeu a delicadeza da situação em que se afogou. Aqui, ele me surpreendeu com suas palavras que mudaram todo o meu humor:

– A banca avaliadora decidiu por unanimidade recrutá-lo para permanecer na universidade e outro candidato será selecionado para o trabalho de estudo dirigido – então continuou com uma frase que não sei se ele estava dizendo sobre si mesmo ou sobre a banca:

– Nem sempre é fácil se unirem em uma só pessoa o acadêmico e o poeta.

4

A partir desse dia começou a minha relação calorosa com Al-Ain, esta cidade incrível e a sua jovem universidade. Esta relação pode ser resumida, sem os exageros da imaginação, como os anos mais brilhantes da minha vida poética, acadêmica e pessoal.

O diretor da universidade, na época, era o Dr. Hadef Al--Dhaheri. Era um ser humano, e um administrador acadêmico com uma nobreza e uma humildade que por vezes causavam constrangimento. Ainda me lembro daquele lindo encontro que tive com ele por acaso um dia. Eu terminei minha aula e fui para meu escritório no departamento. O verão estava no auge, com calor e carga horária. Era como se o sol, naquele dia, estivesse queimando de forma excepcional. De repente, fiquei cara a cara com o Dr. Hadef Al-Dhaheri. Paramos naquela tarde, ele ergueu um guarda-chuva de palavras que ninguém conseguia ver, exceto nós, elogiando minha poesia e minha prática acadêmica.

Antes de nos separarmos, ele me disse:

– Faz algum tempo que não leio novas poesias suas.

Ele acrescentou brincando:

– Estão te esgotando com o horário de aulas? Vou puni-los por isso!

Foi um toque muito significativo que ainda me lembro até hoje. Foi uma indicação eloquente do que o Dr. Al-Dhaheri tinha aparente moral elevada e uma espontaneidade amigável no comportamento. Mas também foi além do espírito de mera cortesia revelando o seu excelente acompanhamento aos professores universitários e a sua sofisticada interação com os que se destacavam nas áreas da criatividade, da pesquisa e do ensino.

O Dr. Abdel Wahab Ahmed, um ilustre acadêmico sudanês, reitor da Faculdade de Ciências Humanas e Sociais, era firme, enérgico e muito educado. Não se rendeu às diretrizes que recebeu, mas teve uma mentalidade dialética, discutindo, propondo e apresentando o que considerava a melhor alternativa. Ele falou frequentemente, com grande gentileza, sobre o papel das competências iraquianas no estabelecimento acadêmico da Universidade dos Emirados Árabes Unidos. Quanto ao Departamento de Língua Árabe, era uma célula interativa e altamente harmoniosa e o Dr. Muhammad Al-Amin Al-Khudari liderava-o com grande competência acadêmica e humanitária.

Não estou exagerando quando digo que a Faculdade de Ciências Humanas e Sociais, depois que o Dr. Abdul Wahab Ahmed deixou o seu cargo, não voltou à sua vitalidade original. Talvez esta afirmação se aplique também, em grande medida, à presidência do Departamento de Língua Árabe do Dr. Al-Khudari, período que foi um dos mais vibrantes e organizados do departamento. A presença destas duas figuras influentes esteve associada à prosperidade tanto da faculdade quanto do departamento, mas posteriormente diminuiu o interesse pelo Departamento de Língua Árabe, que começou a desgastar-se gradativamente, a tal ponto que a ideia de cancelá-lo ou fundi-lo com outro departamento não estava completamente fora de discussão.

5

Uma beleza não inventada e uma familiaridade que enche o coração de segurança. É assim que sempre gosto de descrever a cidade de Al-Ain. A cidade se alimentou, desde o início, da magia adicional da biografia do Xeique Zayed, este beduíno, poeta e sábio, pois nela foi o seu nascimento, educação e a prática em questões de governo e sua gestão com conhecimento e compaixão.

Era Jebel Hafeet, com seu isolamento e orgulho cativantes, sempre um dos espaços que nos encantou. À noite, a estrada que subia até lá serpenteava como um rio de ouro ardente, rumo ao fim da noite. Antes de chegar àquela montanha e ao seu belo hotel elevado à cidade ao longe, somos confrontados por Al-Mubazzarah com as suas águas minerais quentes e as suas colinas que foram desenhadas, construídas e posteriormente cultivadas.

Assim são as pessoas neste país: mudam a topografia da terra para torná-la mais bonita e agradável, criam colinas, lagos e pastagens e criam árvores, assim como criam os filhos. Eles aterram o mar para que a cidade possa se expandir e relaxar e criam lagos para suavizar a brutalidade e a dureza do concreto. Uma valente batalha entre o homem e a natureza para estar a serviço da humanidade, uma cena que causa deleitamento por todo o meu ser. No entanto, às vezes acordo como se tivesse sido picado e me vejo vítima de perguntas sem resposta: que cidades são estas que surgem das profundezas das rochas e das dunas de areia como jovens e prósperas e outras antigas que foram perdidas por causa de ignorantes, ladrões e inimigos da vida?

De repente, enquanto eu estava nesta cidade paradisíaca, algo aconteceu além dos piores pesadelos. Dois tanques de guerra pisoteavam meu sonho, atravessando o rio Tigre em direção ao coração de Bagdá. Era o início de um terremoto e um sinal da perda do país e da expatriação do seu povo. Os dois tanques estavam fantasiados com a maldade que foi cuidadosamente preparada. Isso foi em 2003.

Eu não teria conseguido suportar aquilo naquela época se não fosse por esta cidade que me ajudou na minha situação. Parecia-me que o mundo inteiro estava unido contra Bagdá para a extinguir para sempre. Parecia-me que aqueles seres humanos ali, no meu país, que se chamava país, estavam sendo novamente expulsos do seu paraíso.

6

Enquanto passava por esse desgosto, a cidade de Al-Ain me mostrou as alegrias mais lindas que se possa imaginar, abriu-me seu coração repleto de juventude, charme e beleza e me ajudou a me aventurar em vários espaços: poesia, ensino, publicação, afeto e participação na vida cultural pública. Quando estava no meu primeiro ano de universidade, ganhei o Prêmio de Melhor Livro em Criatividade Literária na Feira Internacional do Livro de Sharjah, pelo meu livro *Poesia e Recepção*. Essa vitória foi uma prova de amor da cidade, que se aprofunda ao longo dos anos, e é um bom presságio que incluirá a minha atividade acadêmica, poética e crítica, pois ganhei o Prêmio Al-Owais de Poesia em 2019 e depois o Prêmio Sheikh Zayed de Literatura em 2023, que são dois dos prêmios árabes de maior status.

Durante anos, supervisionei o comitê literário do clube de criatividade da universidade, o que contribuiu para enriquecer o cenário cultural dos Emirados com uma série de nomes importantes nas áreas de poesia e narrativa. Também assumi a função de editor-chefe da Revista de Ciências Sociais e Humanas em uma fase importante de seu desenvolvimento, antes de ser fechada por influência de algumas visões que foram implementadas na universidade e que afetaram negativamente alguns aspectos da pesquisa e da linguagem.

Meu apetite por trabalho era insaciável. Entusiasmado, com um grupo de meus colegas, levamos nossos alunos a um novo gosto, que é a escuta de poesia, e o desmembramento das suas camadas linguísticas com amor, amor de quem vê a vida como um texto repleto de símbolos e conotações. Eu encontrava refúgio na poesia e nas salas de aula das minhas tristezas. Quase vinte anos, foi uma época paradisíaca, muito rica, como se fosse uma lenda transbordante de juventude ou um rio caudaloso que não se podia apanhar.

Se a geografia privou a cidade de Al-Ain de qualquer bairro aquático que a abençoa com a umidade e o rugido das ondas, ela escolheu com confiança o seu belo destino: ficar longe das florestas de cimento e abraçar a maior universidade do país. Talvez esta cidade na sua infância não passasse de um oásis isolado, rodeado apenas pela areia seca e pelo vento que soprava nas pradarias, mas hoje é uma das cidades mais belas e esplêndidas.

Talvez tenha nascido do farfalhar de duas palmeiras solitárias ou de um poço cercado isoladamente. Mas hoje ela está fresca e brilhante. As árvores debruçam-se sobre as cercas e a relva escuta alegremente os passos dos transeuntes. Uma cidade que irrompe na vida moderna com consciência e graça: escolhe a sua modernidade, que a mantém fiel ao seu belo patrimônio, por um lado, e está aberta, por outro, ao mundo e às suas transformações que nos surpreendem todos os dias.

Chamado das amizades

I

Um dia, na década de 90, eu estava no aeroporto de Amã, voltando para Sanaa. Encontrei um de meus amigos após anos sem nos vermos. Ele passava pelas cabines telefônicas públicas do aeroporto e fazia uma série de ligações para um grupo de amigos. Uma de suas qualidades verdadeiramente belas, eu o invejo por isso. Meu amigo tinha consciência de que suas relações com as pessoas precisavam ser cultivadas e havia a necessidade de inserir vida nas suas articulações de vez em quando. Uma espécie de renovação de afetos, alianças e e-mails para os contatos, especialmente porque o Festival de Jerash e outros fóruns árabes se aproximavam.

Existem muitas habilidades necessárias para amizades. A habilidade de ganhar a amizade de alguém, reter, desenvolver e sustentar. Dói-me muito ser claramente preguiçoso quando o assunto é sustentabilidade e isso acontece por falta de tempo, não por falta de carinho. Amo profundamente meus amigos, mas tenho preguiça de acompanhar alguns detalhes. Algumas pessoas têm o dom de cuidar da amizade, bem como o dom da expressão amigável exagerada, como se estivessem retirando cheques de emoções sem nenhum saldo real. Embora ambos os casos não signifiquem necessariamente a força ou o brilho dessa amizade.

O falecido Najib Al-Mana repetia frequentemente este precioso ditado: "Muita intimidade leva ao fim", e este ditado tem uma ressonância dolorosa na sabedoria distante. Elevar uma convivência ao nível de amizade é um respeito aos padrões que atingem o ponto de ebulição emocional e levam a mantê-la dentro dos limites de um relacionamento cru e puro, não importa quanto tempo dure. Talvez por isso tenha permanecido mais inclinado a amizades que escolho com cuidado, trocando cautela e nobreza e aceitando desculpas tanto quanto posso.

No entanto, as amizades às vezes têm datas de validade. Uma amizade pode terminar, assim como um dispositivo que deixa de funcionar. Assim, sem uma razão perceptível, os laços de afeto entre as duas partes se afrouxam, um frio se espalha pelas articulações como arrepios ou uma febre leve que não dura muito, mas seu efeito não desaparece. Uma amizade pode terminar após uma discussão que termina com uma despedida morna, que é um prelúdio para tudo o que está por vir.

O pior desses finais talvez seja quando sua causa é geral, devido às epidemias políticas que se espalham pelo país e às pequenas filiações, fazendo com que as partes dessa amizade se distanciem umas das outras e cada um sinta, à medida que vai embora, cicatrizes na consciência que não podem ser curadas:

> *Oh meu amigo...*
> *Como terminou aquela temporada de afeto*
> *E para cada um já tem uma paixão, um caminho*
> *Caminhamos sozinhos, diferentes...*
> *Nós cantamos:*
> *Oh árvores noturnas, como terminamos*
> *Voltamos sem estrelas*
> *Ou um amigo...?*

2

Num momento distante e tenso da minha vida, vi pela primeira vez a cidade iraquiana de Baqubah. Isso foi no ano de 1967. Quando cheguei lá, era inverno, eu tinha vinte e dois anos e estava muito triste depois de ter abandonado os estudos universitários, devido a circunstâncias sociais difíceis, e ter passado a estudar à noite e trabalhar no período da manhã.

A estrada de Bagdá a Baqubah era um encontro diário com o sol da manhã, que ia nascendo aos poucos no céu de Bagdá, pequeno, redondo, branco e rodeado por um arco de nuvens frias. À tarde, o ônibus tentava pegar o sol indo para Bagdá. No entanto, havia um sentimento de angústia e remorso enchendo minha alma até o fim. Sair da universidade me deixou com um arrependimento que nunca me abandonou nem por um momento e eu não estava satisfeito com a natureza do trabalho que estava realizando. Era um conflito diário com ele, atrapalhando todos os momentos do dia, não conseguia me imaginar como um funcionário trabalhando na passagem de cheques quando fui eu quem saiu da universidade por necessidade!

Certa manhã, aconteceu algo que eu não conseguia imaginar. Isso mudou completamente meu humor e me guiou de volta à minha alma perdida. Como uma lágrima de tinta, de repente caiu sobre uma palavra que estava esperando para ser concluída. Assim, a confiança, que eu havia esquecido quase completamente voltou para mim.

Houve umas batidas suaves na porta e então três jovens elegantes e educados entraram. Eles tinham quase a minha idade. Conversaram com outro funcionário que dividia a mesma sala comigo e estava mais próximo da porta. Que surpresa. Eles estavam perguntando sobre uma pessoa que eu conhecia bem, embora quase tivesse esquecido seu nome completamente: Ali Jaafar Al-Allaq. Senti como se estivesse ouvindo meu nome pela primeira vez, neste lugar que me parecia um vale sem plantações.

Meu espanto não teve limites quando ficou claro que eles me conheciam como poeta e que também estavam preocupados em escrever poesia e histórias: Sufyan Al-Khazraji, Khaled Al-Dahi e Mohsen Al-Kilani, e mais tarde o poeta Khalil Al-Maadidi juntou-se ao grupo. Acompanhavam o que foi publicado em revistas árabes como a libanesa Al-Adib e a egípcia A Poesia, e em revistas iraquianas como Al-Aqlam, Alamiloun Fi-Alnaft e alguns jornais iraquianos. A partir daquele momento do encontro, um novo calor correu em minhas veias e a vontade de escrever poesia voltou para mim. Senti pela primeira vez o quão suculento e provocante era o aroma da laranja. Meu trabalho em Baqubah não durou mais do que cerca de um ano, quando me mudei para Bagdá e depois completei meus estudos universitários lá.

3

Anos mais tarde, muitas mudanças aconteceram no país e no seu povo: os nossos caminhos separaram-se, os nossos destinos diferiram e a cada um coube a sua parte no bem ou no mal que se abateu sobre nós. O poeta Khalil Al-Maadidi foi assassinado no início de sua juventude poética. Desde que deixei o Iraque, no início dos anos 90, não ouvi mais nada sobre Mohsen Al-Kilani, que teve um início promissor na escrita de contos e que, além disso, tinha uma personalidade cheia de nobreza e belo humor. Porém, Khaled Al-Dahi, aquele belo jovem pintor fascinado pela caça e pela aventura continuou o seu caminho como poeta vertical, com um estilo especial, combinando sobriedade de linguagem, profundidade e ferocidade de imagens.

Quanto a Sufyan Al-Khazraji, tinha a melhor intuição sobre o que os nossos próximos dias reservariam, por isso nos deixou rapidamente para o seu exílio desconhecido. Ele não passou muito tempo na escrita de poesia, embora ainda tenha um elevado senso de beleza e um gosto delicado. Ele conseguiu se dedicar como um poeta muito elegante em outra área. Ele soube desde o início que o seu verdadeiro talento estava em um outro lugar, na linguagem da cor, da sombra e da luz, até se tornar, ao longo de muitos anos, o fotógrafo mais famoso da Suécia.

4

Quando o avião aterrissou, depois de trinta anos de ausência, no aeroporto de Estocolmo, fiquei espantado com a sua pequenez em comparação com os aeroportos europeus ou com o aeroporto de Amesterdã, de onde vim diretamente pelo menos. Era muito pequeno, mas muito confortável, ou assim me pareceu naquele momento. Assim que saí para o salão do desembarque, as primeiras emoções da alma explodiram: um misto de alegria tempestuosa e tristeza profunda ao ver quem veio me receber, o meu amigo, o artista Sufyan Al-

-Khazraji, que começou como poeta e depois dedicou-se, a partir daí, como artista fotográfico que aposta na poética da luz em vez da poética das palavras.

Sufyan, com quem mantive contato constante por telefone, surpreendeu-me com um conforto iraquiano que jamais esquecerei quando me hospedou em sua bela casa durante toda a minha visita. Também fiquei surpreso com a incrível quantidade de detalhes de nossa amizade anterior e de seus dias distantes. Tudo estava vivo e poeticamente presente em sua memória: quando nos conhecemos, nossos encontros, nossos amigos em comum, nossos inícios poéticos. Ele estava falando sobre tudo com todo o seu ser. Ele era uma massa de sentimentos, como se os longos anos de exílio não tivessem atingido sua alma nem mudado nada.

Sufyan Al-Khazraji foi uma das primeiras pessoas que a diáspora levou, carregou para longe com a nostalgia e a fragmentação. No início da década de 1990, dediquei-lhe um poema, *Ausência*, que contém um pouco dessa dura nostalgia:

> *Fomos? Para onde fomos?*
> *Aqui está uma lua de saudade nos cobrindo...*
> *Restam restos do nosso sonho, para onde fomos?*
> *Que perguntas brutais temos? Ou seja, Córdoba*
> *Ilumina-nos, desaparece, aproxima-se, perseguimo-lo,*
> *desaparece de nós.*
> *Nem desaparece e nem conseguimos alcançá-lo?*
> *Até quando escalamos um sonho?*
> *Até ele nos quebra como um galho?*
> *Até quando os dias ficam ociosos?*
> *E nosso desespero brilha, cresce e se completa...?*

5

De manhã cedo partimos, no carro do Sufyan, para a cidade de Malmö. O poeta Shaker Al-Samawi tinha vindo de lá, há dois dias, para Estocolmo para assistir à minha noite de poesia, apesar da distância entre as duas cidades. Houve um erro no endereço do local que nos impediu de nos encontrarmos naquela noite. Shaker voltou para sua cidade distante, muito chateado, e tivemos que ir até ele.

Shaker Al-Samawi foi sincero em tudo sempre. Ele escrevia seus poemas coloquiais com muita consciência, cultura e muita dedicação, a tal ponto que às vezes quase se sente falta dos incríveis momentos espontâneos dele. Foi um polemista que não se cansava de falar de poesia, política e cultura. Além disso, ele tinha hábitos próprios em relação a alguns assuntos da vida e da escrita, que muitos de seus amigos mais próximos conheciam: por exemplo, ele não usava a aliança de casamento no lugar habitual na mão esquerda, mas sim, pelo que me lembro, colocava no dedo anular da mão direita. Um de seus hábitos ao escrever rascunhos de seus poemas era riscar a palavra indesejada com uma navalha, em vez de riscar ou apagar com um corretor.

Em Malmö, por volta do meio-dia, estávamos no café onde havíamos combinado de nos encontrar. Olhamos para os clientes por trás da parede de vidro do café. Sufyan Al-Khazraji preparou a câmera para capturar Shaker Al-Samawi em sua manifestação mais honesta. Ainda não tínhamos visto onde ele estava sentado. Havia um homem de costas para nós, não conseguimos reconhecê-lo. O café estava muito lotado e algumas pessoas que entravam ou saíam do café perturbavam a pureza do cenário para Sufyan. Mas algo apareceu de repente na nossa frente. O homem mexeu-se um pouco na cadeira incomodado e de um pequeno envelope tirou uma navalha muito brilhante. E aqui estava ele, debruçado sobre o rascunho do seu poema, como costumava fazer, em Bagdá, trinta anos antes de sua ausência.

6

Estocolmo me surpreendeu com florestas, poesia e amigos. Fui convidado pelo Clube Cultural de Julho o Iraquiano, na cidade, para realizar uma noite de poesia. Vários poetas e escritores precederam-me na participação nas atividades deste clube, incluindo Muzaffar Al-Nawab, Muhammad Saeed Al-Sakkar e Laila Al-Othman. O poeta Aziz Al-Samawi estava programado para se juntar a mim naquela noite, mas a morte o esperava em Londres, dias antes do evento. Aquela noite de poesia foi uma das mais próximas da minha alma que já vivi, uma atmosfera cheia de dor: uma infância dispersa em cinzas, dias brancos que mergulharam numa ausência sem fim e uma pátria impedida de ter um futuro digno dela. A maior parte do público daquela noite era um público cujos gostos haviam sido refinados por anos de exílio e cuja alma havia sido tocada pelo fardo da nostalgia das primeiras primaveras.

Fiquei maravilhado em Estocolmo com a sua linda noite clara; seu sol, se você o observar enquanto está perto do mar, não desce completamente na água antes das 22h30, e talvez um pouco de seu respingo de sangue permaneça após esse horário. A prata da manhã também começa a se espalhar bem cedo.

Casas ausentes em dias cinzentos ou afogadas em florestas, o isolamento e os lagos. As pessoas ricas ao ponto do tédio e outras estão fugindo de um exílio para um distanciamento maior. Beleza sufocante e diversão em exagero. Carros que não apagam as luzes durante o dia, como se temessem as oscilações e surpresas do tempo. Os dias consomem grande parte da noite e a noite pode revelar um dia surpreendente de um momento para o outro.

7

Passei a maior parte dos dias dessa visita com Sufyan Al-Khazraji, o artista e velho amigo, apreciando as fotografias cativantes que tirou ou os locais de extraordinária beleza que escolheu. Estávamos juntos gostando de abrir esta relíquia do baú dos nossos preciosos dias, apesar do tédio da juventude, e era como se eu estivesse satisfeito com aquela alegria em vez de qualquer outro prazer.

Como foi bom encontrar ali parte da minha história pessoal, poetas e contadores de histórias que compartilharam comigo o florescimento dos anos 60, sua loucura e suas pretensões: Shaker Al-Samawi, Padre Youssef Saeed, Burhan Al-Khatib, Ibrahim Ahmed, Abdul-Ghani Al-Khalili, Sufyan Al-Khazraji, Kazem Al-Samawi. Quão bom foi perceber que a riqueza de suas almas é mais forte que os ventos do exílio e mais feroz. Eles sempre foram assombrados pela poesia e ouviram com sinceridade suas raízes distantes.

Assim como a ausência tem a sua enormidade, as amizades também têm o seu sofrimento. Minha memória ainda está repleta do cheiro de florestas, nuvens brancas e lagos espalhados. Também ainda está cheia do sabor da poesia e do luto. Os poemas de Ali Al-Kanani, Ibrahim Abdel Malik e Jassim Walaei trouxeram-me de volta à civilização da dor e aos chamados dos primeiros dias. Horas inesquecíveis. Um enorme navio nos transporta, nas primeiras horas da manhã, de Estocolmo a Helsínquia. Retornaremos de lá à noite em outro navio. Fazíamos parte de todo um mundo aquático, movendo-nos num mar muito vasto. Eram poemas, memórias, passeios, lojas Duty Free, cafés e restaurantes. Um vasto mundo de água. e apenas intercalado com algumas ilhas distantes, às vezes muito pequenas. Não pode acomodar mais do que duas ou três casas, pertencentes a algumas das pessoas mais sortudas do mundo.

O poeta, o tempo e a universidade

I

Eu ainda estava em casa quando a Dra. Maryam Khalfan Al Suwaidi me telefonou uma manhã... na época ela era chefe do Departamento de Língua Árabe da Universidade dos Emirados Árabes Unidos. A princípio, não consegui entender exatamente sobre o que se tratava a conversa. Suas frases corriam e se chocavam, caindo em minhas mãos, desarticuladas e tímidas.

Entendi dela, depois de me acalmar um pouco, que aquele ano letivo, 2015, seria meu último ano na universidade por atingir a idade máxima. Não sei se ela ficou surpresa com minha atitude naquele momento ou não. Uma calma misturada com alívio total. Era assim que eu estava naquele momento. A universidade foi bem, tomou uma decisão que eu estava prestes a tomar mais de uma vez e depois recuava diante da pressão familiar.

Não fui o único professor cujo contrato foi rescindido naquele ano, pois tinha comigo um grupo de professores, incluindo Abdullah Al-Dabbagh, Alaa Nawras e Rachid Bouchair. A universidade prorrogou então a permanência dos professores Nawras e Boushair por mais um ano, a pedido deles e devido às suas circunstâncias especiais.

Soube pela Dra. Maryam Al-Suwaidi mais tarde que já sabia desta decisão há algum tempo, mas escondeu-a de mim porque estava fazendo um esforço junto à presidência da universidade para cancelar a decisão ou acordar comigo em trabalhar lá como professor visitante. Agradeci-lhe profundamente pela sua posição, mas rejeitei veementemente o que ela procurava. Não queria ficar na universidade com uma desculpa dessas. Em toda a minha vida, nunca fui daqueles que buscam uma posição ou se apegam a ela às custas da própria dignidade. Fui muito importante para poupar a minha querida colega de constrangimentos: como posso aceitar essas nobres tentativas dela junto à administração da universidade quando rejeito com insistência o princípio da permanência, como a Dra. Maryam sabe bem.

2

Depois de uma ou duas semanas, talvez, a Dra. Maryam Khalfan me ligou convidando para um jantar de despedida no Hotel Jebel Hafeet, que contou com a presença da maioria dos professores do departamento. À vista da noite e dos presentes e a partir do desejo deles, li alguns de meus poemas, depois agradeci pelos sentimentos e impressões que falaram sobre mim, promessas de comunicação e convites para próximas leituras de poesia e palestras. Eu estava ciente, e talvez tenha expressado isso em linguagem direta, pois os professores que me precederam, cujos contratos foram rescindidos antes de mim, perceberam que grande parte daquelas belas falas poderia não passar de espuma da conversa noturna que não dura muito.

Na verdade, é preciso dizer que a Dra. Maryam Khalfan, com seu conhecido caráter moral elevado, era a única entre os professores do departamento, e com ela estava o Dr. Ali Shehadha, o ilustre professor do Departamento de Linguística Inglesa, que continuou empenhada em renovar a comunicação num espaço de afeto e elevadas qualidades acadêmicas.

Desde que deixei o trabalho na universidade até este momento, tive muitas participações em países árabes e internacionais, com as quais me senti no centro, talvez, do espaço da cultura, da poesia e da crítica, e nas bancas avaliadoras dos prêmios de poesia e crítica. Entre eles, estão o Prêmio Internacional Sheikh Faisal, o Prêmio Sheikh Zayed de Literatura, o Prêmio de Poesia Árabe, o Prêmio Sharjah e o Prêmio Muhammad Afifi Matar. A obtenção do Prêmio Cultural Al-Owais de Poesia, em 2019, pode ser um dos eventos literários mais importantes para mim. Foi uma grande homenagem a um processo poético e o júri falou das suas características estéticas e semânticas com grande consciência e habilidade.

3

A minha vida esteve ligada a três espaços intimamente interligados: o poema, o estudo crítico e o ensaio. O ensino universitário constitui um quarto espaço que complementa e completa os espaços anteriores. É um dos meus grandes prazeres. Eu costumava encontrar em minhas primeiras aulas do dia o que encontro em um passeio matinal sob a chuva em uma cidade limpa. Como sempre escolho o horário da manhã para essas aulas, essa analogia não é exagero. Todos os dias eu encontrava o início do dia correndo diante de mim, tingido pelo cheiro de tinta de canetas e pelo ar da sala, eu e os detalhes que se repetiam com prazer sem fim.

O dedo de giz desgasta-se, incansavelmente, a cada momento. Uma geração ansiosa, formando-se diante de mim todos os dias. Enquanto meus olhos nublados se movem entre um murmurinho agradável e o céu sobe e se expande, levando consigo um pouco do barulho das pessoas ou de sua leve poeira, dedico-me à escrita com entusiasmo e alegria e aos encontros e rituais que ela exige, sem os quais o escritor não consegue viver em harmonia consigo mesmo.

Vivi cada dia, um dia que revelava suas feições e alunos me trazendo algo de um passado que ainda anseio. Um momento alegre ou triste o traz de volta para mim, um toque de diversão ou indiferença ou uma centelha de humor renovado. Talvez a minha primeira alegria tenha sido quando ouvi, com um constrangimento tingido de arrogância, os elogios do meu professor ao meu poema que li ontem à noite ou publicado no jornal de hoje.

Quase vinte anos de companheirismo bom e íntimo com os seres deste mundo que agora está abrindo caminho para a memória; um abundante depósito de situações, emoções, ideias e uma escrita constante me proporcionaram, sem dúvida, muita tristeza ou alegria e lembrarei seus detalhes com uma paixão cativante.

Pela primeira vez na minha vida universitária, em 2015, as férias de verão foram prolongadas, ampliadas e descontraídas. Há mais de quatro meses que me desloco entre quatro cidades que ocupam um lugar muito especial na minha alma: a cidade de Al-Ain, que, como já disse noutro lugar, nasceu do farfalhar de duas palmeiras num deserto pálido, e a relaxada Omã, como uma beleza tirânica, em suas sete colinas, e a cidade turca de Bolu, rodeada de montanhas e dos apelos dos aldeões vindos das alturas... Finalmente, Bagdá, que já não está, esperemos que não seja para sempre, entre as cidades dignas de alegria e de amor.

É assim que estou agora, sem nenhum dos apelos ou pressões do trabalho, ora reforçado por desejos internos, ora desprovido deles. Enquanto recordava tudo isto, vi-me ouvindo, no mesmo momento e com especial profundidade, a voz de T. S. Eliot pura e cheia de ossos: o poeta deve ter uma certa preguiça necessária.

A preguiça, aqui, não é a preguiça habitual das pessoas, é claro. Não é o desemprego mental, nem o abandono do círculo de ação, mas sim aquela preguiça de que necessitamos, que ganhamos com os efeitos do tempo numa quantidade medida. Até que ponto a alma anseia por desfrutar das flutuações do seu próprio tempo e o coração anseia que ela mergulhe num prazer livre, no qual ouve o seu pulso à medida que se renova, e o corpo anseia que permaneça tenso, sem cansaço, até o momento da iniciação, e porque essa preguiça é necessária, é preguiça no sentido belo e saudável da palavra.

Só assim consegui fechar todas as cortinas ao mesmo tempo para olhar, como se o fizesse pela primeira vez, para um paraíso exuberante e cuidadosamente guardado. Agora posso aproveitar a minha parte inteira, agora que está ao alcance de uma rosa.

Havia uma série de possibilidades e eu estava prestes a alcançá-las se não fosse o ritmo do trabalho diário e os seus rituais forçados. Estava sempre ali, perto dos meus dedos, que estavam ocupados ficando acordados até tarde, escrevendo e esperando um outro dia chegar. Não consigo esquecer meu poema, *Acalme-se agora*. Era uma carga calorosa de alegria, escapando das garras de belas bruxas ou da necessidade que o pássaro tinha de suas penas quentes. Escrevi-o num momento em que estava no turbilhão de tomar a decisão final, à qual, infelizmente, não consegui chegar no momento necessário.

4

Hoje, pela primeira vez em anos, posso experimentar o prazer de ouvir uma semente gemendo no raro momento de germinar. Beber uma xícara de chá, lentamente. Contemplar um rosto que vem dos confins da alma e prolongar a alegria de ficar acordado até tarde, num diálogo inquieto, com um poema implacável ou com uma ideia que tento desesperadamente atrair para uma gaiola que tenho firmemente preparada: e devo, finalmente, pedir desculpas a esse poema por tê-lo decepcionado um dia. Ele contém a magia da sala e seu ruído alegre sobre o gemido baixo do poema:

> *Você pode se acalmar agora...*
> *Para sentir o início dos dias relaxados...*
> *Uma varanda como uma taça divina:*
> *Sentindo o cheiro do amanhecer, ou o despertar da fruta...*
> *O poema se esfregando suavemente em você como uma mulher...*
> *Chamando as estrelas que enferrujaram com o barulho dos néons...*
> *Aquela lua crescente que você não viu*
> *Desde duas décadas, você irá acompanhá-la amanhã*
> *Descalço subindo o morro ou vestido*
> *O isolamento das árvores...*

5

Na universidade, encontrei uma disparidade indiscutível entre as mentalidades que abordam a pesquisa ou o ensino. O campo é tão vasto e tão heterogêneo que às vezes faz sangrar os pés: um professor fala de um poema Al-Tafila e pensa que é um poema em prosa, outro sente pena dos alunos pela dureza de um poema doce como o canto da chuva aos leões e outro não se desvia, na maior parte do que escreve, do comum e do possível no discurso. E entre todos eles, há outro professor que, no auge de sua juventude literária, pode entrar em um rio muito estreito, entregando-se a um interminável hino crítico de um só poeta. Talvez este crítico diligente esqueça que enfrentar um poema mais robusto é uma grande oportunidade que o empurra para uma maior maturidade, amplia suas capacidades de inovar nas soluções e supera as surpresas da aplicação mais do que um poema com implicações claras e fáceis de entender.

Muitas vezes, os alunos podem ter prazer em cursos especializados ou gerais com um professor que seja poeta, escritor ou artista, que muitas vezes tem capacidade oral mais influente do que um acadêmico profissional. Quem nunca antes, como no caso de um poeta, escritor ou artista, saiu por espaços amplos, recitando um poema, falando numa linguagem física repleta de emoções, sugestões de voz e suas ondulações. O acadêmico criativo entra na sala de aula e já vivenciou antes o momento de receber e manipular o texto de diversas maneiras para atingir os sentidos dos alunos. Ele também é talvez mais capaz de escolher um texto poético que esteja próximo de suas percepções e necessidades psicológicas, emocionais e culturais.

6

Minhas palavras aqui nem sempre são generalizáveis, pois não existem fronteiras concretas que separem o acadêmico profissional do acadêmico criativo, que vem de um amplo espaço estético, onde há violações e extrapolação do comum no ato de escrever ou descrever esse feito. O sentimento pode ser o duro separador entre eles e a poesia nem sempre é textual, pode ser uma característica interna ou um fermento que exerce sua presença no eu escritor, precedendo o texto e contribuindo para sua realização no acendimento, no grau de calor e na presença do corpo.

Outras distinções são evidentes, talvez, na escrita crítica do acadêmico criativo ou do crítico de duas vertentes, como o chama o escritor argentino Enrique Imbert. É um crítico que reduziu ao máximo as inúteis cascas acadêmicas, mas manteve o espírito flexível da academia sensível e atento, que saboreia as dificuldades do texto, percebe as agruras do fazer e a passagem da palavra falada, da existência gelatinosa à existência chocante.

A linguagem desse tipo acadêmico permanece próxima de propor aventuras. Ela manobra, confunde, questiona e nem sempre tem certezas, mas prospera num espaço de manifestações e de criação de alegria sublime e isso faz parte do parentesco que a une à literatura do discurso ou à sua poesia. É uma linguagem que improvisa a sua liberdade de uma forma mais próxima da literatura e das suas superações ao comum.

A linguagem do acadêmico criativo pode cumprir sua missão crítica, desprovida de pretensão em certa medida. Eleva-se acima das formalidades, das coberturas marginais e das referências redundantes, que não satisfazem a fome de conhecimento estético. Para ele, a escrita respeita a referência, mas não cultua o seu nicho. Ela se sente confortável com ele e não pede sua ajuda a cada frase, como se sempre fosse obrigada a provar a sua inocência de alguma falha, pois não há outra prova da viabilidade de escrever além da própria escrita.

PARTE 5

Quem atraiu os lobos do vento?

1

Numa madrugada fria e severa, a corda grossa estava apertada em volta do pescoço. O sabor da festividade se misturou ao sangue que escorria do pescoço da estátua. Anos antes desse momento, numa outra madrugada sangrenta do ano de 2003, dois tanques taciturnos cruzaram a ponte junto a Rusafa, sinalizando o colapso do país sobre o seu povo, e dirigiam-se especificamente para a Praça Andalus. Há uma estátua alta, de feições severas, no meio daquela famosa praça. Antes daquele momento, a visão daquela estátua era apenas um espelho, inspirando medo no coração de muitos. Mas, ao mesmo tempo, também inspirava na alma de muitos o sentimento de orgulho de pertencer ao país.

2

Quando me trouxeram até ele, uma noite, em meados dos anos 70, a sua presença desconcertante e bonita me distraiu das palavras que eu havia preparado para defender o motivo da minha ida. Nesse período, ele detinha o monopólio de um título próprio: o Sr. Vice, título que para muitos parecia menos do que a sua sombra que se estendia por todo o país. No entanto, ele trouxe para cada posição que ocupava algo que a tornava encantadora e assustadora ao mesmo tempo.

Eu havia ligado para ele há três dias, pois seu número estava disponível para todos na lista telefônica pública. Sua resposta, pessoalmente, ao telefone foi uma surpresa que teve o efeito de choque, não de espanto. Quando me apresentei a ele, ele confirmou que me conhecia pelo nome. Embora meus sentimentos me digam o contrário. Sua afirmação pode não pertencer à verdade tanto quanto pertence à inteligência e à malícia do poder. Ele marcou um encontro para que eu fosse ao seu gabinete no Conselho Nacional e pediu-me que resumisse o meu caso em duas ou três linhas.

Fui forçado a ter essa reunião, depois de uma decisão judicial injusta ter sido emitida para me retirar da casa que alugava no bairro de Al-Qadisiyah, em Bagdá. O dono da casa era um oficial superior, que já havia ocupado muitos cargos perigosos, estava relacionado com o chefe de Estado por relações familiares e havia se aposentado recentemente. Ele diz que escrevia poesia e seu nome era frequentemente mencionado em associação com um dos grandes poetas do Iraque. Eu poderia ter vencido o caso se o juiz não tivesse sido influenciado por medo ou por ruína de consciência. O momento em que encontrei o Sr. Vice foi difícil de esquecer, mesmo no meio da mistura da sua história repleta de conquistas e colapsos, em números iguais...

Subiu à plataforma de execução, depois de escolher a forma como enfrentaria o momento da morte como desejava. Em vez das habituais roupas de prisão, nesses momentos, usava um casaco preto e um leve sorriso tingido de algum mistério ou sarcasmo ao olhar para o rosto do homem encarregado de executar o enforcamento. A corda escolhida era grossa e áspera e o processo de execução era claramente confuso e acelerado. Quando subiu à plataforma, parecia que estava a erguer-se das ruínas de um país destruído, mas um certo grau de solidez ou coesão pessoal ainda era claramente visível, mesmo quando estava sobrecarregado por restrições e acusações.

Ele me perguntou, enquanto lia meu nome, sobre a terra natal da família: "Amara, Hilla ou Najaf?".

Fiquei impressionado com suas informações relacionadas às tribos e famílias iraquianas e suas áreas de residência. O que também me surpreendeu, durante as suas discussões com os cidadãos, foi que, em contraste com a sua propensão para longas conversas, ele não gostava de prolongar a sua fala ou a sua escrita e não se deixava enganar pela eloquência que flutuava à superfície. Ele se virou para mim e disse em tom severo:

"Este homem", referindo-se ao oficial superior que me ameaçou devido à sua ligação familiar com o presidente, "não conhece ninguém da liderança". Depois acrescentou, como se estivesse lendo um livro aberto à sua frente: "Você continuará morando na casa atual e com o aluguel atual até que a deixe por sua própria vontade". Então ele escreveu esta frase em vermelho, carimbada com sua assinatura. E de fato, saí da casa, por vontade própria, depois de quatro ou cinco anos, quando viajei para a Grã-Bretanha para concluir meus estudos de pós-graduação.

Naquele momento me virei para ele. Ele ainda estava ocupado escrevendo sua nota de rodapé, que jamais esquecerei. Quando me virei, ele de repente levantou a cabeça como se estivesse surpreso com meu olhar para ele, como se sentisse o movimento do ar ao seu redor. Ele era muito cauteloso, mas também muito simpático. Naquele momento, o temi pelo meu poema. Tive medo de encurtar a distância entre ela e ele ou entre mim e este poderoso ser humano que defendia a minha causa neste momento, de uma forma que nunca me tinha ocorrido.

Dois dias depois, bem cedo, o telefone tocou na minha sala na revista. Comigo na linha estava o escritório do diretor de Relações do Departamento de Segurança Pública. Menos de uma hora depois, eu estava na hora e no local combinados. O oficial superior aposentado me precedeu lá. Em uma posição confusa, ele estava diante de um jovem oficial que tem traços e linguagem marcantes:

– Considerarei a sua passagem na rua ou na área uma ameaça à vida do Sr. Ali.

O jovem oficial de segurança disse isso num tom muito tendencioso em relação à minha causa. O oficial superior aposentado não demonstrou reações além do que parecia ser desamparo e impotência. É claro que o oficial de segurança falava com a força do Sr. Vice e com a sua autoridade opressiva e o oficial superior não teve outra escolha senão render-se completamente a essa autoridade e às suas perigosas repercussões:

– Quanto ao aluguel da casa, o inquilino será obrigado a entregá-lo no tempo determinado e da forma que ele desejar.

Fiquei completamente surpreso. Que poder é esse? Uma única frase, escrita pelo governante poderoso, espalha-se como fogo nas articulações secretas do governo e é implementada pelos órgãos relevantes com o máximo rigor, dentro de vinte e quatro horas ou talvez menos.

3

Antes de terminar de repetir o segundo Testemunho, o corpo do belo presidente e governante absoluto afundou no abismo sombrio e, a partir daquele momento, um país inteiro deslizou com ele para o abismo da desintegração, do caos, da ignorância e do suborno e para uma era sombria de conflitos e de retrocessos que a história nunca havia testemunhado. No entanto, eu estava no meio de um diálogo impiedoso, que se estendia para cima, desde os confins da confusão e das decisões mortais e do coração de um momento em que a história abandonou a sua sabedoria para responder ao apelo do instinto cuja chama não desaparecerá nos próximos séculos, talvez:

> *Assim você voltou sozinho...*
> *Sem carruagens de vitórias, sem chuva de músicos...*
> *Então, onde estão os cavalos do luto ou a erva daninha da ilusão*
> *Onde está o carrinho?*
> *Você nos trouxe o orvalho?*
> *Ou um hino de palha e cadáveres empoeirados?*
> *Você carregou as bandeiras ou os rios desolados?*

O momento me afasta de mim mesmo e não o vejo. Os gritos de dor se misturam ao meu redor até que os motivos e as consequências se fundem e os gritos da vítima se misturam aos chicotes do carrasco em um lamento sombrio e interminável:

> *Quem atraiu os lobos do vento?*
> *Quem os alimentou com o sangue de Enkidu?*

Em qual erva você nos prometeu?
Em qual santuário?

Foi você que se quebrou em nós?
Ou quebramos em você? Ou você nos quebrou?
Ou foi você quem atraiu os lobos do vento?

Oh, tristeza de Enkidu
Oh, seu manto ferido
Não ganhamos a erva
Nem
O santuário...

4

Londres, em 2009, numa noite de poesia realizada pelo Fórum Kufa, na qual o amigo poeta Fawzi Karim me apresentou um dos participantes, um poeta, como ficou evidente pela sua linguagem, que perguntou-me sobre a minha percepção do que aconteceu e tem acontecido desde 2003. O que aconteceu em Bagdá não foi uma mudança para um regime tirânico. Foi assim que eu respondi a ele. Existe uma máquina cósmica muito mesquinha que desarraigou o país inteiro e plantou, em seu lugar, uma floresta de instintos de decadência e de retorno a um passado imerso em poços de sangue. Tudo foi alvo de destruição programada: árvores e pedras, tudo o que liga o homem ao homem em termos de familiaridade e afeto.

Tinha muita amargura na pergunta do poeta e ainda mais amargura na minha resposta. Na sua voz está a amargura de um iraquiano exilado de um país onde só viu o que a sua memória lhe oferece. Tinha a minha língua machucada pela enormidade do cotidiano e pela tragédia da experiência que se repetiu ao longo de décadas e gerações. Nós, que permanecemos lá dentro, tínhamos pouca pátria e muita privação, medo e destruição. Quanto ao questionador, existe um grande fosso entre ele e a era iraquiana. Eram muitos filtros, que filtravam, purificavam, poliam e selecionavam o que chegava até ele.

Ele emanava, ou como se emanasse, de uma ideia já pronta sobre regimes totalitários que não viveu. Ele a amaldiçoa enquanto está no auge do relaxamento em bares e locais de prazer que, para um iraquiano distante, são um prazer proibido que ele nem tem liberdade de imaginar. Ele tinha ao seu alcance, como escritor e como ser humano, tudo o que era proibido ao iraquiano, nas suas duas funções também, de prazeres soltos e outras coisas de alto valor, de possibilidades que estavam à mercê dos seus sentidos e ao alcance da sua linguagem e dos seus apetites: o prazer do bar, a alegria da vista, o encanto da cama, a refeição desejada e a bênção da segurança e uma velhice graciosa. Tudo isso e muito mais: a liberdade de sonhar, de viver e morrer, de viajar e de escolher nos diversos detalhes e aspectos da vida. Ele tinha esta bela possibilidade: o poema, quando o leitor o recebe, livre e disponível para publicação e a viagem entre lugares, épocas e línguas.

Naquele período difícil que se seguiu a 2003, todo o país se transformou de um universo para outro, num contraste gritante entre eles e inacreditável: de um país que viveu um excesso de poder até à superabundância, para uma entidade miserável como um trapo. Apenas testemunhou erosão e declínio, até que os valores mais reverenciados no imaginário coletivo se tornaram vulneráveis aos apelos dos vendedores e às suas pechinchas baratas: moralidade, justiça, especialização, administração estatal, consciência política, piedade religiosa e pertencimento à pátria.

5

Via roda infernal rangendo sem piedade nem discriminação. Todos e tudo caem diante dela. Os iraquianos encontraram-se num país sendo criado por ação ativa. Isoladamente deles e de acordo com especificações da mais hedionda maldade. Há iraquianos que contribuem para criar esta destruição e outros que mais se beneficiam desta situação vergonhosa. Uma constituição que te faz rir e chorar ao mesmo tempo. Um país que consome tudo e não fabrica nem cultiva nada. Muitas universidades transformaram-se em abrigos para os grupos que as dividem. A morte ocorre em uma abundância assustadora, diariamente e de diversas formas. As cidades estão sendo divididas em áreas que têm uma sentença que cria suspeita e solidão nos corações dos outros. Os nomes tornaram-se semióticas mortais, conotações étnicas, religiosas ou regionais.

Em 2006-2008, a adulteração do alfabeto ficou clara como um escândalo que não foi escondido de ninguém. Um carro carregado de passageiros passa em frente a um posto de controle, os nomes são observados e o destino dos presentes é determinado de acordo com seus nomes e suas conotações religiosas. Naquele momento, senti uma agitação interna, um vento quente subindo de entranhas queimadas. Uma poesia movida por algo forte: um nome que levanta suspeitas ou leva à destruição e outro que é reverenciado. Eu estava evitando aquele momento de obsessão para que não passasse do sentimento para a certeza ou da ilusão para a realidade. Mas o poema rebela-se contra mim para registrar aquele momento de tremor, manchado pelo sangue dos mortos ou pelo pânico de quem espera pelos seus fins adiados até uma data deixada para a noite e as coincidências cegas:

> *O que tornou nossos nomes hoje uma fonte de destruição?*
> *Talvez a morte esteja entre duas letras do seu nome,*
> *Ou talvez entre dois pulsos ou dois passos...*
> *Isso é uma coincidência ou é uma zombaria do alfabeto?*
> *Como pode a sua morte ter um toque celestial de tristeza aqui?*
> *E a minha morte tem um significado antigo aí?*

Tudo ficou sujeito à morte, estupro, sequestro, deslocamento e confisco. Um plano que estava a ser implementado com muito cuidado para destruir o país e os seus componentes. Os conflitos sectários atingiram níveis que os iraquianos nunca testemunharam antes. Uma nação que se devora e seus componentes se destroem. A exceção, a emergência e o anormal tornaram-se uma cultura que governa as pessoas e molda os padrões do seu comportamento: roubar dinheiro público e violar os padrões de virtude é adequado. Uma pátria indefesa em uma região selvagem e brutal. Você vê a injustiça e não tem resposta para ela. Você não tem escolha a não ser protestar, em segredo, enquanto é refém do seu desamparo e do seu sentimento de humilhação.

As bandeiras, os relinchos e os sussurros das pedras

1

Esta foi a primeira vez que vi o passado, cara a cara, escorrendo das paredes e das plantas emaranhadas. Foi a primeira vez que senti o cheiro dos nossos dias andaluzes, de repente surgiu diante de mim, revelando uma riqueza emocional muito intensa.

Isso foi em 1982. Eu vinha de Londres para conhecer o falecido poeta Abdul Wahab Al-Bayati, que trabalhava então como conselheiro na embaixada do Iraque em Madri e, na altura, estava na fase final dos meus estudos de doutorado na Universidade Britânica de Exeter. Passei a maior parte do tempo com Al-Bayati e Salah Fadl, que conheci lá, onde trabalhava como diretor do Centro Cultural Egípcio.

Como eu precisava de uma visita assim: me trouxe de volta ao clima da poesia depois de três anos de imersão em pesquisa e estudo. O tempo passava de forma feliz e rápida com Al-Bayati: na sua casa, onde estavam sua família e seus livros, ou em seu café, com os seus amigos que o admiravam e onde ele era narcisista e com uma habilidade extraordinária para fofocar. Os poemas e a atmosfera de Al-Bayati tiveram que me empurrar para o sul: para a Andaluzia, aquele sul cheio de emoção e beleza.

2

O ônibus turístico levava-nos para sul, cheio de uma fragrância especial que soprava nas nossas almas daquela rica natureza espanhola com a sua ondulação geográfica: extensas planícies, vales profundos e montanhas cujos altos picos estavam envoltos em cantos brancos. Diálogo secreto e discreto. No entanto, é visível de longe.

Nunca antes tinha testemunhado uma natureza tão alegre e variada; em muitos países do mundo, é possível encontrar uma natureza que brilha com suas montanhas, florestas e pastagens, mas nem sempre se encontra um diálogo tão delicado e mutável que ocorre entre os elementos da natureza espanhola. Uma natureza que sempre estimula os sentidos. Ela quebra o ritmo e muda o tom verde.

Os densos campos de uva e os seus cachos inebriantes conferiam a ambos os lados da estrada um ritmo especial e difícil de esquecer. Esses campos não duraram muito entre nós ao ponto do tédio, mas, depois de um tempo, deram lugar a vastas áreas de trigo ou romãzeiras, azeitonas, maçãs e outras frutas. E assim eu me movia entre espaços de ritmos diversos: crescendo e se entrelaçando, até que o ar, às vezes, se encheu de espesso pó de ouro, outras vezes do cheiro do vinho e outras do sabor acentuado da romã.

Cada vez que o ônibus nos se aproximava da Andaluzia, eu me via assombrado por aquela velha melancolia que emanava das cidades de Sevilha, Córdoba, Granada e Ronda. Minha alma estava perdendo algumas de suas limitações e gradualmente se dissolvendo naquele espaço emocional cheio de expectativas. Um espaço cujo exato início eu não conhecia, assim como não sabia o seu final. Tudo o que senti foi que todos os meus membros tremiam com o vento triste. Ele me arrancava da solidez, da frieza e do quebrantamento do presente para me lançar no passado: onde o fogo da história arde e sua gloriosa ferocidade aumenta.

Eu nunca tinha visto uma pedra gemendo ou uma parede sufocada por lágrimas antes daquele momento. A história estava abandonando seus arcos e flechas e retirando as raças dos seus cavalos para partir no deserto da memória. A escrita árabe nas paredes da mesquita é a personificação de uma verdade triste: ó sábia história, poeta cheia de vida, o que restou de você?

Sim, o que resta do seu charme, do seu valor e do seu caos? Não havia nada além de terra torturada e pássaros nos minaretes. Não havia ninguém além de mim, procuro um refúgio no passado, cheio de solidão universal. E uma sensação insuportável de orfandade.

Eu estava na frente de duas eras que lutavam ferozmente uma contra a outra: um passado majestoso que refresca a memória com livros, bandeiras e relinchos escondidos entre as pedras e um presente em que não há luz: tanques atacando as bibliotecas de Beirute e destruindo sua dignidade, e Khalil Hawi buscando refúgio na morte como fuga de uma vergonha árabe para a qual o poema não tem refutação, e palestinos sendo empurrados ao mar para levá-los novamente à morte ou ao exílio.

3

Tudo em Granada cria uma sensação especial na alma: as suas ruas de paralelepípedos, as suas varandas repletas de vida noturna, flores e os olhos de belas mulheres. As pedras dos becos eram lisas como espelhos e compactas como sementes de romã. Como se Abu Abdullah Al-Saghir tivesse acabado de sair da cidade. Procurei-o em vão: nem espada pingando sangue, nem cavalo selvagem. Havia apenas multidões de turistas que se aglomeravam em direção ao Palácio de Alhambra e ao Paraíso do Generalife. Tinha apenas as chaves de Granada, brilhando na mão de Isabella enquanto ela cavalgava, deslumbrada com luz, ouro e a cura.

Fui com os turistas para o Palácio de Alhambra. As linguagens mais vibrantes se calam frente à sua arquitetura surpreendente, uma pintura em que a imaginação atingiu o seu máximo. Uma genialidade que encheu a pedra de nostalgia e manteve um diálogo luminoso entre a solidez da matéria e o labirinto da abstração, entre o relativo fugaz e o absoluto que não tem fim.

4

Nunca imaginei que o passado pudesse ser incorporado dessa forma. Todos os livros não podem revelar o tormento ou a glória que a história contém, como fazem as casas e varandas de Granada, a Mesquita de Córdoba ou o Palácio de Alhambra. É a história visível, atacando todos os sentidos ao mesmo tempo: a pedra eloquente e a poeira gritante, feroz e surda. Por fim, é o ar repleto do perfume das cúpulas e da alegria de quem vai às conquistas.

É como se Granada e Córdoba abrissem uma ferida na alma e na memória que não será curada. Um tremor de alegria quebrada percorreu todo o meu ser. Senti que dentro de mim havia rios fluindo e fogos subindo. Assim, meus poemas *Fruto do passado* e *Uma nova elegia a Córdoba* foram apenas o começo de tudo o que essas duas cidades cativantes fizeram comigo depois disso. Elas levaram minha imaginação, mais uma vez, para aquela latência ardente da qual a pesquisa acadêmica quase me separou com pilhas de neve, folhas frias e fragmentos. Assim, a cidade de Córdoba ficava a poucos passos de distância.

> *Entramos em seus becos:*
> *Varandas choro e rosas*
> *Sua mesquita um mestre imerso na sua majestade.*
> *Quando eu o cumprimentei rapidamente*
> *Curvou-se, e brilhou em seus lábios a poeira das palavras...*
> *Então o rangido das pedras tornou-se alto e a escuridão se expandiu*
> *Uma coluna de luz sublimada e dissolvida*
> *No fim da terra...*

Na cidade de Granada, o passado foi mais estimulante para a imaginação e mais provocador para as nossas leituras esquecidas. Todo o passado, de uma só vez, está próximo do nosso sono, no qual tremulam bandeiras feridas e no qual o esvoaçar das lágrimas se renova a cada sinal que de lá recebemos. Um pequeno refúgio, talvez muito generoso, mas passageiro, como uma reconciliação temporária com os fatores de ruptura e da diáspora:

> *Eu a vejo na manhã de todos os dias*
> *Ela acorda do sono quando na melhor hora para dormir...*

A hora em que fica a luz e a escuridão
Gêmeos, e o orvalho é uma cama,
Que se senta no fim da noite, no seu último tapete...
Grito: Granada, fruto do passado,
Uma única brisa nos envolve, nossa poeira do tempo é uma só...
Nossas folhas...
Somos os restos de uma ruína abençoada...
Somos fragmentos do nosso último sonho...

Esconder-se dele ou recorrer a ele?

I

Saí rapidamente, sob uma noite densa de Londres e uma chuva ainda mais densa, até o ponto de ônibus vermelho, que fica quase abaixo do meu apartamento. Sempre tive um laço em particular com o ônibus vermelho de dois andares, com uma nostalgia especial que me remete aos meus primeiros dias em Bagdá, nos anos 50, vindo da província de Wasit. Naquela noite fria de Londres, eu estava saindo com dois dos meus melhores amigos, Ala Bashir e Farouk Youssef. Quando desci do ônibus, encontrei-os esperando, com suas esposas, na calçada escorregadia, pois a neve começava a cair forte na noite e no fôlego dos transeuntes. No restaurante, conhecido pela comida oriental, tive uma dupla sensação de aconchego, pois o frio lá fora costuma duplicar a sensação de aconchego nos detalhes do local onde estamos.

Os meus encontros com Farouk Youssef e a sua esposa Sanaa têm sido contínuos desde a minha chegada a Londres, onde me recebem no apartamento deles com generosidade e conforto. Eles compreenderam a dificuldade de viver longe da minha família e sou conhecido por me sentir atraído pelos detalhes da vida doméstica. Eu era admirador da linguagem de Farouk Youssef, na qual não encontrei fronteiras entre a poesia e qualquer outra coisa. O que ele escreve, sobre qualquer assunto, me coloca diante da poesia de primeira linha e assim, ao longo dos anos, ele tem conseguido cultivar uma linguagem própria, alheia a qualquer de sua geração. Embora seus escritos fossem divididos em artes plásticas, crítica, poesia e política, eles extraíam da poesia o que havia de mais belo: imagens, inspiração e mudanças de expressão.

Ao sentar-nos com Ala Bashir, há uma magia especial que flui desta interessante combinação de dois campos distantes: a medicina, e a elevada agilidade mental que ela exige, e a pintura e a escultura, e as suas atmosferas cheias de sonhos e imaginação. Qualquer um que olhe para seus desenhos e esculturas nítidas, grotescas e chocantemente apavorantes não consegue acreditar que eles são produto deste ilustre médico e cirurgião plástico ou desta personalidade em grande parte calma e poética. Sempre encontrei nele o cientista, o artista e o iraquiano de coração numa pasta muito homogênea e extremamente rara. Ele vinha de Nottingham para Londres para encontrar seus amigos, muitas vezes no Hotel Hilton Metrópole.

2

Passei vinte e cinco anos na cidade de Al-Ain, nos Emirados, um período de vitalidade excepcional na escrita, na publicação e no ensino universitário. A comunicação foi ativa e qualitativa com alegrias diversas: dias luminosos inundando e enchendo as salas de aula, discussões que renovaram os ritmos da alma, corações sonhando e brilhando por trás das abayas e mentes subindo até os últimos sonhos em suas cabeças.

Porém, esta aura de sucesso em quase tudo não me empurrou para um único momento de esquecimento. Pelo contrário, era constantemente perturbado pela sensação de que, por trás de todo este brilho, havia um país que saía da memória do mundo e rumava para o desconhecido. Os cercos estavam oprimindo um povo inteiro, o cansaço das pessoas e a sua humilhante falta das necessidades mais básicas para a vida. Por conta disso, nunca senti a alegria da estabilidade ou o prazer de permanecer no local. É por isso que o poema muitas vezes me veio à mente como um arrependimento pelo que passou:

> *Talvez eu tenha esquecido de imigrar ou eu tenha esquecido de ficar...*
> *Talvez eu tenha perdido a minha parte do orvalho*
> *Não do incêndio...*

Ou na forma de um destino divino inevitável e irreversível:

> *Quando ele me entregou a cesta de vime cheia*
> *Ele me disse: este tormento e este desejo são seus...*
> *Você tem um nome semelhante ao início e ao fim deste país.*
> *Você tem esta residência: quero dizer, viajar...*

Talvez eu estivesse esperando por um certo resultado do nada:

> *Será eu era como alguém que foi e voltou,*
> *Perdeu as duas coisas juntas...*
> *Não encontrou o seu exílio fora*
> *Nem a sua pátria...?*

Num momento em que eu estava desprovido de sabedoria, talvez, me vi tomando uma decisão precipitada e engolindo uma das duas amarguras: refugiar-me em minha terra natal ou refugiar-me dela? Como resultado, continuei a oscilar entre a espera e o nada.

Em Londres, Ala Bashir e Farouk Youssef foram os meus amigos mais próximos deste tormento. Sísifo não tinha mais energia para esperar a dor passar. Será que ele percebeu, como seus dois amigos, que essa ascensão havia chegado tarde demais? Ele queria fugir de suas constantes viagens entre as cidades, pois havia se tornado parte da mala ou viciado em residências temporárias. Havia uma falha em sua ascensão sozinho a essa ilusão, deixando para trás, no chão, metade de sua paciência e metade de sua resistência: uma mulher em idade muito crítica. Eu tentei de todas as maneiras possíveis virmos juntos para Londres. Era impossível. Então a luta estava perdida desde o início. Mentirosos elegantes. E os amigos caem um por um do limite da memória. Um desejo inesquecível e irrealizável. É uma cidade bonita até a crueldade. Era assim que eu era e é assim que Londres era e ainda é.

3

No segundo semestre de 2017, dediquei-me a escrever com uma estranha obsessão. Continuei a publicar meu artigo semanal no jornal Al-Arab. Eu sabia que não respondia plenamente à necessidade de um jornal diário, que procura reduzir a linguagem da literatura e das suas ferramentas que muitas vezes se destinam a si mesmas. Meus amigos, Nouri Al-Jarrah, Haitham Al-Zubaidi, Farouk Youssef e Karam Nehme, deixaram aberta a opção de eu escrever para o jornal. Um período de generosidade com que todos me cercaram.

Minha relação com o jornal parou num momento de emoção, que pode ter sido passageiro, mas foi significativo. Yousef Al-Sayegh foi a razão pela qual parei de escrever. Talvez isso não tenha sido intencional e talvez por causa da minha sensibilidade às vezes excessiva. Meu artigo desapareceu por três semanas consecutivas e quando perguntei ao amigo poeta Nouri Al-Jarrah por quê, sua resposta ficou escondida atrás de uma cortina de transparente constrangimento. Acontece que o artigo tratava de uma noite poética distante de Yousef Al-Sayegh e do seu estilo de cantar poesia, um estilo cheio de ressonância eclesiástica. Escrevi uma carta de um tom questionador e recriminador ao Dr. Haitham Al-Zubaidi, no qual comuniquei que não continuaria a escrever para o jornal, considerando a sua posição um insulto à memória deste ilustre poeta.

Em Londres, escrevi uma coleção de poemas, parte dos quais o poeta Nouri Al-Jarrah publicou na revista londrina Al-Jadeed e depois incluí-os na minha coleção *Um pássaro tropeçando na luz*, que foi publicada em 2018. Um título que surge do fundo de um poço de tédio frio do qual não encontrei saída a não ser escrever. No mesmo ano, foi publicado meu livro em prosa *Sonho, consciência e poesia: ensaios sobre poesia e o que a cerca*. Escolhi-os entre os que publicava no jornal Al-Arab.

A participação em programas culturais também foi possível. O poeta Jamal Abu Talib conduziu-me numa acalorada entrevista, no canal de televisão Al Mayadin, sobre a poesia iraquiana e a geração dos anos 60 em particular. A equipe do

Diwan Al-Arab preparou um episódio comigo para o programa e a equipe preparou as perguntas e a poeta Nisreen Trabelsi supervisionou o texto e a filmagem. O diretor Youssef El-Gendy dirigiu as cenas externas em vários locais de Londres, como o rio Little Venice, o parque próximo à estação de metrô Royal Oak e alguns outros locais. Este episódio foi preparado com muito cuidado. No entanto, o clima do momento me carregou para longe e tudo que pude ver daquela nuvem elegante foi sua sugestão de ausência e de espera pelo desconhecido.

Eu estava no lindo parquinho, com a grama da terra e a madeira do terraço. Ambos estavam molhados e com frio. O inverno estava perto de mim, espalhando seu frio cortante e nuvens baixas densamente sobre o local. O vento cinzento não parava de mexer com meus livros e coleções que o diretor Youssef El-Gendy distribuía em locais selecionados do parque, entre o vento, folhas murchas e estruturas de árvores que haviam desistido de seu verde abundante para que seus ossos aparecessem salientes e enrugados.

Fiquei encostado na beira de uma ponte de ferro sobre o rio Little Venice. Um pássaro branco sobe com asas compridas, como se fossem remos, e sua brancura se mistura, ao passar para um ponto distante entre as nuvens, com um poema que eu estava lendo em tom muito amargo. Os invasores passam pelos buracos da minha memória até o mural de Jawad Salim e os becos de Bagdá, enchendo minhas artérias de humilhação. Wisal e Khayal olham para mim de um tempo atrás, agarrados à mãe num dia de Baghdadi nos anos 70. O peso do momento presente abafou o ritmo do que eu tentava fazer no programa. Tinha uma mulher, durante todo o programa, me olhando com olhos de reprovação, ela tropeçava em tudo, fosse de sonolência ou de uma gota d'água. Assim como um pássaro tropeçando na luz perto de mim.

E então tomou conta de mim uma ilusão obsessiva e falava sobre isso com uma grande preocupação, com muitos de meus amigos, que minha ausência da terra natal seria longa e talvez não nos encontrássemos no final. Meu poema *Ainda há o que desejamos na noite* começou a tomar forma na atmosfera dessa obsessão:

> *Não vá dormir...*
> *Ainda há o que desejamos na noite.*
> *Ainda há o que não dissemos no coração.*
> *Temos uma lua que aguarda nosso encontro cada vez que passa...*
> *Até ele completar a sua fofoca para os interessados*
> *Os únicos...*

Isso se repetia a cada novo sono. Uma história que parece não ter fim ou um agradecimento expresso tardiamente a uma mulher que, como sempre, oferecia muito de graça. Era como se ela estivesse refinando ao máximo a natureza feminina, que talvez seja inerente a muitas mulheres na Terra:

> *Como eu gostaria de poder*
> *Ter dito o que ninguém disse...*
> *No entanto, você me acostumou em me dizer*
> *O que eu não falei...*
> *Você foi eloquente em sonhos e vigília.*
> *Como você estendeu suas mãos para nossa noite pagã*
> *E a pingou em jarras*
> *Da prata, você inventou os travesseiros*
> *Ocupada com a luxúria nua*
> *E o farfalhar dos juncos...*

4

O encontro com Fawzi Karim e Amjad Nasser representou uma das coisas importantes, emocional e poeticamente. Uma visita a Londres ficaria incompleta sem eles. Senti algo como um aviso de que Londres, desta vez, seria diferente a partir daquele momento por vários motivos, o mais importante dos quais talvez fosse o meu encontro apressado com Fawzi Karim e a minha impossibilidade de me encontrar com Amjad Nasser devido ao seu estado de saúde, que não anuncia uma recuperação próxima ou possível...

Fawzi Karim foi um dos poucos poetas cuja ligação com a cidade de Londres não pode ser dissociada. Esta cidade antiga foi um grande ponto de virada na sua vida, cultura e mentalidade contemplativa. Ele tinha um amor genuíno por ela e falava dela com generosidade e arrogância ilimitadas. Eu o encontrei, desta vez, em um restaurante e não no seu aconchegante apartamento, em Green Ford, como já havíamos nos encontrado em ocasiões anteriores, e também inusitadamente, meu encontro com ele não durou muito, como se ele estivesse com pressa, e não foi intercalado com a diversão que permeou nossos encontros anteriores, e lembranças que brilham e se apagam como uma estrela distante. Como se o nosso encontro fosse uma interrupção das mais belas conversas das nossas vidas que floresceram entre nós durante cinquenta anos...

Quanto a Amjad Nasser, ele me revelou ser um amigo muito doce e profundo sempre que o encontrei. Senti uma enorme sensação de perda ao acompanhar a notícia da deterioração de sua saúde. Enfrentou a temida doença com a ousadia de um beduíno e o sonho do poeta de uma salvação duvidosa. As últimas notícias sobre ele depois disso me deixaram mais triste a cada dia. Estávamos em Amã, Salah Bousrif, Zuhair Abu Shayeb e eu. Celebramos Amjad, que está ausente do salão, mas preenche todos os nossos corações. Isto aconteceu no Fórum de Poesia Árabe de Amã em 2018, enquanto ele estava deitado em todo o seu esplendor a poucos passos de nós, antes de partir cerca de um ano depois.

No início de 2018, fui surpreendido por uma foto de Trad Al-Kubaisi no Facebook. Rapidamente, entrei em contato com ele e recebi uma resposta de sua filha. Seu pai sofria de grave perda de memória, o que me fazia sentir dor e impotência, pois estava perto dele pela localização e longe dele pela lógica da memória flutuando em absoluta cegueira. Era um corpo que se preparava para se afastar de nós um dia, não em muito tempo. Antes disso, experimentei sua morte antes que ele realmente morresse. Sempre que o encontrava em Amã, ele parecia mais triste e menos forte. Como uma lua que está gradualmente se desgastando e é atacada por rugas. Depois o seu falecimento, em 2020, foi um choque que me levou às profundezas da tristeza por uma amizade doce e intima.

Assim como encontrei Fawzi Karim, um único encontro, o mesmo aconteceu com meu amigo Dr. Najm Abdullah Kazim em um elegante café na Edgware Road. Fomos colegas na Universidade de Exeter durante os nossos estudos de pós-graduação na Grã-Bretanha no início dos anos 80. O nosso encontro, com muita saudade dos dias que só nos lembramos, do tempo de estudo, de amizade e dos anos de diáspora. Naquele encontro ele era, como sempre o conheci, uma alma brilhante, um amante da vida e muito leal aos amigos. Ele era uma pessoa da mais alta nobreza e um acadêmico de consciência pura, que não conhecia a hipocrisia ou a bajulação que se tornaram bens populares em que muitos se esfregam dos que pertenciam à crítica, ao ensino universitário e ao trabalho cultural.

5

O prédio era relativamente antigo, tinha quatro andares e não havia elevador. Eu morava no último andar, e no quarto ao lado morava um homem exatamente igual a mim – não me lembro os detalhes. Ele descia de seu apartamento, que ficava no 4º andar, nas primeiras horas do dia, descia aos tropeços pela escada estreita repleta de ilusão da noite e de mensagens que talvez não lhe diziam respeito. Procurava um envelope marrom que acabasse com aquela espera que corroía, a cada momento, parte do que lhe restava de capacidade de suportar. Às vezes, à noite, eu ouvia sua voz penetrando na parede que nos separava e o sentia se jogando no chão do quarto, exausto e cheirando a forte remorso.

Uma noite ouvi o rangido de pés fracos nas escadas estreitas e do sangue fervente. Meu similar voltava do hospital à meia-noite, sozinho. No dia seguinte, enquanto eu verificava seu estado, ele me disse que sua esposa estava no hospital, longe dele, e em estado crítico. Ele estava revendo suas situações espinhosas, até parecer vítima de uma simplificação intencional da missão para a qual veio.

 Certa noite, quando fui para a cama tarde, caí rapidamente num sono extraordinariamente profundo. Havia escuridão adicional derramando-se sobre meu sono vinda da escada, de suas sombras, um homem surgiu, parecendo estar no auge da idade adulta, mais próximo da juventude do que da verdadeira velhice. Ele estava acompanhado por um homem, que parecia sua sombra mais velha e talvez mais inteligente que ele. Eles entregaram ao homem que se parecia comigo um envelope marrom, de coração preto. Depois que abriram o envelope, uma nuvem de fumaça venenosa irrompeu por entre as linhas, engolindo todos eles. Informaram-no da decisão de rejeição e depois levaram-no ao aeroporto, longe das suas ilusões. E cada vez mais que o carro avançava com eles na luz da cidade tingida de escuridão, era levado pelas dúvidas e apreensões que o afastaram de si mesmo. Ele se lembrou das últimas palavras com sua filha Khayal pela manhã. Quando ele lhe disse que seu pedido foi rejeitado, ela não pôde deixar de se sentir feliz. Ele a ouviu, radiante, dando a triste notícia ao marido e às filhas. Que paradoxo...

 Colocaram-no na sala de espera, onde aconteciam os procedimentos de retorno aos Emirados, depois se voltaram para as profundezas da barulhenta e iluminada Londres. O processo de finalização da reserva e envio das malas demorou mais de duas horas, não por dificuldade, aglomeração ou falta de documentos exigidos. Entretanto, havia algo que o arrastava para trás: uma massa de barro borbulhante em que o oposto se misturava com o seu opositor: qual era a razão deste tumulto que varria as suas asas? A decisão de vir ou a decisão de voltar? Metade do erro ou continuar nele até a última gota? Ele avançou mais de uma vez até o balcão e mais de uma vez voltou para o início da fila, aguardando sua vez na frente do despachante de bagagens.

 No caminho para o portão de saída, havia uma funcionária loira parada ali. Ela estava imersa em sua juventude ardente, como se seus olhos arregalados estivessem seduzindo aqueles que partiam para continuar sua próxima jornada para destinos que escolheram ou foram forçados a fazer. Ele rodeou por um longo tempo antes de entregar seu passaporte e cartão de embarque ao carimbo. Cada vez que passava na frente dela, ele escapava rapidamente daquela linha imaginária que separava Londres da sua casa, que ficava do lado de fora dessa neblina de inverno cheia de emoções contraditórias e resquícios de um sonho que aos poucos se afastava. Ele voltou para o início da fila, como havia feito no balcão de reservas. Um breve período de adiamento pode ajudar. Um espaço de distração, um sonho apático consciente que leva a um estado de reconciliação temporária consigo mesmo.

Foi novamente a vez dele, que acabara de deixar há pouco. É necessário completar os procedimentos de voo. Seus olhos estavam vazios quando a mão da funcionária empurrou o cartão de embarque para dentro da máquina. Será que esta jovem, cheia de vida e prazer, sabe o que fez com ele agora? Havia um moedor cósmico passando, naquele momento, sobre seus ossos e sua imaginação.

O avião foi abrindo caminho gradativamente entre as camadas de nuvens densas, subindo, afastando-se, aos poucos, de tudo o que se esperava ou imaginava. Ele olhou para um labirinto que não tinha significado ou limites. Há uma mulher esperando por ele, preocupada e feliz, livrando o seu retorno de toda a descrição dolorosa ou pesada que o rodeia. Tudo o que ela vê é um coração esfaqueado que está se curando novamente. A janela do avião vai se estreitando aos poucos e Londres está se afastando mais do que nunca de Londres, caindo em um abismo sem fundo...

O poeta e a esposa amiga

I

Meu amigo, o falecido poeta Fawzi Karim, costumava convidar a mim e minha esposa para sua linda casa no subúrbio de Greenford sempre que chegávamos a Londres. Ele sentia uma alegria especial em fazer churrascos no quintal. Durante uma de nossas visitas para ele, um dia lhe perguntamos o motivo de sua separação da sua esposa e naquele momento ele estava trabalhando em atiçar as brasas da churrasqueira. O seu olhar contemplativo estava tingido de remorso e num tom de confissão sincera disse: "Não conseguimos elevar a nossa relação ao nível da amizade". Minha esposa e eu trocamos olhares naquele momento, talvez porque sentíssemos que o nosso relacionamento estava se aproximando, ou quase, do nível que Fawzi Karim esperava em sua vida de casado.

Lembro-me que, noutra ocasião, disse ao poeta e crítico marroquino Abdul Lateef Al-Warari quando me perguntou sobre Umm[30] Wissal que me sentia grato quando a vejo com estas características em comparação com algumas outras mulheres que não viviam bem com seus maridos poetas, exceto talvez com relutância, ou não os encontravam em seus poemas às vezes, exceto o inimigo ou o mal. Há algumas entre elas que talvez não leiam um livro desde os tempos de escola.

Quando observo a vida de alguns dos poetas que conheço, percebo que estou entre os verdadeiramente sortudos. Em muitos momentos críticos de nossas vidas, ela foi mais amiga do que esposa. Coloca a interação da amiga e não a emoção da esposa e o espaço da amizade e não a estreita gaiola conjugal na

---

[30] *Umm* significa mãe em árabe, e também tem um uso específico ao dizer "*Umm* fulano" ou "*Umm* fulana", uma forma utilizada pelos árabes com respeito para se referir à esposa ou a outra mulher sem mencionar diretamente o primeiro nome. Essa expressão tem uma conotação carinhosa. O equivalente masculino é "Abou".

maioria das situações e encruzilhadas que a nossa vida familiar tem vivido. É verdade que ela não era realmente uma escritora ou poetisa, mas o foi, talvez, pela insistência.

Ela podia ter alcançado alguma posição na escrita, pois amava o árabe como especialidade e ensino e tem um forte instinto para gostar de palavras bonitas que muitos podem não ter. Mas ela sempre escolheu o status de amiga: me acompanhava com amor e me apoiava com generosidade. Quando ela se enfurecia, brigava apenas dentro de limites que ela raramente ultrapassava. Dela era sempre a iniciativa de fornecer o que torna a leitura e a escrita possíveis. Sua paixão pela poesia permaneceu parte de sua personalidade bondosa sem fraqueza e suas lágrimas sempre precederam as suas palmas ao aplaudir cada poema comovente e cada declaração notável. Ela foi minha parceira na maioria dos meus bons relacionamentos com a comunidade poética e com os escritores e poetas que conheci.

2

Um dia, um amigo meu me ligou, era um poeta famoso. Senti que o telefone transbordava de alegria infantil, pois ele havia sido selecionado, junto com Jabra Ibrahim Jabra, para a Enciclopédia Kimberg de Literatura em sua nova edição. Quando o visitamos, em sua casa, suas emoções estavam fora de controle. Ele correu mais de uma vez para as estantes da sua biblioteca para folhear a Enciclopédia e me mostrar, mais uma vez, seu nome e nomes de escritores árabes famosos. Porém, fiquei muito envergonhado. Como meu amigo estava sozinho naquela grande alegria, sua esposa não parecia participar nem um pouco. O pior de tudo foi que ela enfrentou seu caos infantil e sua alegria excessiva com um silêncio extremamente mesquinho. Em vez disso, ela estava torcendo os lábios sarcasticamente para ele, à nossa vista.

A que grupo de mulheres pertencia àquela esposa e que alma desertificada ela carregava? Senti naquele momento que estava contemplando a história de um rebanho furioso de mulheres que não tinham nada da bondade feminina. Duras, escassas e secas, como se fossem feitas de rochas sólidas. Sócrates recebe insultos de sua bela esposa na frente de seus alunos, Tolstói morre sozinho no frio, a esposa de Al-Jahiz vê em cada livro seu uma multidão de coesposas ferozes.

No entanto, este *iceberg* ainda tem a sua parte afundada: não foi Sylvia Plath, a poetisa americana que cometeu suicídio no auge da sua juventude poética e física, uma vítima confirmada de Ted Hughes? Sania Saleh viveu uma vida ideal com Muhammad Al-Maghout? Kazantzakis reconheceu à esposa os sacrifícios que ela fez por ele? Será que Tolstói apreciava a profundidade do amor de Sofia por ele, que reclamava que seus ombros fracos eram fracos demais para suportar as dificuldades de se casar com um homem genial como ele? Nem todos os poetas e artistas vivem vidas brilhantes, como aconteceu com um artista excepcional como Rafa Al-Nasiri e a sua esposa, a poetisa May Muzaffar, a guardiã da grande ausência.

Não basta que o poeta viva a sua vida em harmonia tanto com a mulher como com o poema, que a sua esposa seja poetisa, artista ou escritora. Não existe vida real sem problemas ou desentendimentos. Ela é o estimulante, o rejuvenescedor e o revigorante talvez das coisas mais bonitas que o corpo e a alma de uma mulher exalam em termos de emoções e energias surpreendentes de compaixão e perdão. Não há nada mais importante do que o amor e a paciência de uma mulher como pilar de uma vida familiar segura. O barco da família não pode avançar no meio de uma vida tempestuosa, a menos que o homem tenha a participação, no remo, de uma mulher de um tipo especial, cuja nobreza é maior do que a tolice dele e cuja paciência é maior do que ele faz, imagina ou diz.

Talvez não achemos uma vida mais confusa do que a vida dos poetas com suas esposas, onde coexistem crueldade, amor, paciência, tédio e sacrifícios. O poeta pode não conseguir, na maioria dos casos, combinar a mulher e o poema. Ele não pode ser fiel a ambos na mesma medida. Alguns poetas podem resolver o assunto de uma forma muito arrogante: a dedicação fica para o poema, enquanto a esposa fica com a cozinha ou o isolamento ou a gritaria dos filhos.

3

De vez em quando, eu levava minha esposa para participar de alguns encontros de poesia. Parece-me, e talvez a muitas pessoas, que sou um dos poucos poetas que faz isso. Da mesma forma, um poeta que fala positivamente de sua esposa pode, aos olhos de alguns, parecer um pássaro traidor aos machos de seu bando. Encontrei na companhia dela o que encontro com um amigo a quem confiava muitas das tensões da minha alma. Ela me ajudou a passar por curvas espinhosas, sem ficar entediada ou desinteressada. Ela era nobre em sua paciência e inteligência. Ela oferece muito de graça, como eu disse em outro lugar.

Quando me preparava para viajar em missão literária, muitas vezes encontrava ela no meio de duas emoções conflitantes: a tristeza da ausência ou a perda de oportunidade? Apesar de sua personalidade amigável e de uma consciência muito piedosa, ao mesmo tempo ela é de um espírito transparente e rápida em ser afetada por quaisquer gatilhos de emoção que ouve ou vê. Ela sempre carregou o espírito de uma criança, aberta à vida e a cada bela expressão dela, como se não carregasse uma fissura na alma ou qualquer arrependimento por uma infância perdida.

Ela compartilhou minha paixão por viajar e por aprender sobre novas revelações nas cidades, o humor das pessoas ou os instintos da natureza. Fiquei realmente encantado por ela pertencer com tanto carinho ao poema que eu escrevia. Este amor foi muitas vezes o seu refúgio sóbrio, quando tinha um momento de emoção acalorada incomum. Ela corria para o seu santuário de sua censura ou reclamação e abstinha-se de falar, de modo que seria difícil penetrar naquela parede muda e surda às vezes.

No Festival Atheer de Poesia Árabe em 2015, em Mascate, houve um grande número de poetas e críticos árabes. Entre eles, Saeed Al-Sarihi, Shawqi Bazi, Rashid Issa, Adnan Al-Sayegh, Abdul Razzaq Al-Rubaie, Arif Al-Saadi, Hassan Shihab Al-Din, Hadi Al-Jaziri e outros, e eu estava com ela entre este grupo. Ela não deixou de frequentar seminários e leituras de poesia durante todo o festival.

Eu podia entender a emoção que às vezes notava nela enquanto ela repetia silenciosamente comigo, quase podia ouvir um pouco do que recitava em algumas noites poéticas. Em alguns casos, ela foi dominada por suas reações aos comportamentos que não eram apropriados para o poema: de alguém que olhava para o telefone ou ouvia o sussurro de um amigo próximo, pois não compartilhava da nobre absorção dela em ouvir poesia em geral e, claro, à minha poesia em particular.

Ainda me lembro daquele clima indicativo sempre que assistia, via YouTube, à noite em que lia alguns dos meus poemas naquele festival. O fotógrafo focava a câmera na minha esposa, então ela parecia estar ouvindo meu poema e observar, de um lado oculto, se outras pessoas estão ouvindo ao mesmo tempo. Esta verdadeira essência de sua alma pode não ser evidente, pois é sentida em uma ampla área de sua vida, cheia de doações e dificuldades.

Na cerimônia de entrega do Prêmio de Poesia Al-Owais, em 2019, nunca a tinha encontrado tão feliz. Subi ao pódio para ler alguns de meus poemas, o que raramente acontece na cerimônia de premiação. Fiquei olhando para o salão lotado. Havia um par de olhos encantados, a ponto de chorar, com o que ouvia. Quando voltei ao meu lugar, encontrei aquela felicidade misturada com cansaço e algumas raras lágrimas. Minha esposa compartilhava minha solidão na escrita ou na leitura com alegria comedida, não me abandonava para que não me sentisse sozinho e nem me sobrecarregava, naqueles momentos, com o chamado dos problemas da vida rotineira. Ela só violou esta regra em raras ocasiões. Assim foi, e assim é, em grande parte, a árdua sessão da minha longa jornada:

> *Como você suportou minha juventude e abençoou meu ouro e meus pecados?*
> *Os moleques, quero dizer, os miseráveis como eu, são os vagabundos do deserto*
> *Que ondulam, na prata da noite, entre a malícia e a suavidade.*

Mais de cinquenta anos. Ansiosos, relaxados ou tensos, vivemos juntos a dor e alegria com honestidade e sem pretensão. Nossa vida começou cedo, talvez, quando começamos a procurar, ainda na universidade, meus poemas em jornais e revistas iraquianos e árabes para juntá-los e submetê-los para publicação ou copiando seleções populares de livros literários, a maioria dos quais eu pedia emprestado na biblioteca da faculdade ou com meus professores... e essa não era a nossa vida, apenas uma vida ideal imaginária. Apesar da minha calma, que muitos conhecem, tive momentos de emoção amarga ou de estranhamento, que não são seguidos de estações chuvosas a não ser depois de uma espera longa que podia secar as veias:

> *Ouçam, como duas plantas em uma colina...*
> *O som de uma pedra enquanto cozinhava*
> *Até o fogo se machucar...*
> *E caminharam até o final da revelação, surpresos*
> *Brasa por brasa, e duas mãos por duas mãos:*
> *– Já esquecemos o que aconteceu uma vez?*
> *– Íamos...*
> *E quase...*
> *E voltamos...*
> *Para o certo duas vezes...*

4

Posso dizer que tenho uma pequena família especial. Não gostei de ter muitos filhos nem de ter muitas mulheres. Eu me conformei com Wissal e Khayal, duas filhas lindas e brilhantes, e a mãe delas mais uma amiga querida do que uma esposa, como eu disse. São elas que criam a parte essencial do ambiente de qualidade em que vivo em casa. Elas me motivam a escrever e ouvem meus poemas com atenção e muitos de meus amigos sabem disso.

Não me considero viciado em sentar-me em um café, jogar cartas ou dominó. Mas eu adorava o jogo de xadrez e costumava jogá-lo de forma limitada, às vezes com meus irmãos e depois com Wissal. Quando era jovem, adorava competir com os meus amigos na corrida e isso incutiu-me o hábito de praticar a caminhada rápida, algo que me acompanhou até uma fase tardia da minha vida.

Wassil tem um amor avassalador pela poesia, leitura e escrita, desde a infância. Essa paixão a acompanhou em seus anos de maturidade e na especialização acadêmica. A mãe delas contribuiu eficientemente para ensinar a ambas a língua árabe durante a nossa estadia, por causa dos meus estudos, na Grã-Bretanha. Assim éramos uma família pequena, mas grande em outros aspectos:

> *Na brisa dos começos:*
> *Não tinha o quinto...*
> *Só havia da pátria então,*
> *Quatro...*
> *Não tinham refúgio exceto o que o mar dava*
> *De uma sede salgada...*
> *Um barco, às vezes, com a garganta fechada...*
> *Seus braços, às vezes, desabaram sob o peso do redemoinho...*

Com meu incentivo, elas escolheram a língua inglesa e ambas cresceram gostando do árabe e se destacando nos dois idiomas. Wissal é um exemplo que por vezes pode ultrapassar os limites habituais com características distintivas: o luxo do bom gosto e o alto estilo de traduzir poesia e aprender a língua e progredir em seu caminho espinhoso. Ela obteve seu doutorado na Universidade dos Emirados Árabes Unidos e traduziu para o árabe seleções do poeta americano E. Ethelbert Miller: *At night we are all black poets*.[31] Também traduziu outra antologia intitulada *As the wind*,[32] do poeta americano Afaa Michael Weaver. Essa paixão pela poesia e pela arte chegou ao filho mais velho, Tamim, que toca violão bem e tem uma voz linda.

---
31 *À noite somos todos poetas negros.*
32 *Como o vento.*

Quanto a Khayal, é outra página brilhante no registro da família. Grande riqueza emocional, profunda experiência docente. Ela possui doutorado em ensino de inglês pela Universidade Britânica em Dubai. Sua primeira coleção de poesia foi publicada em inglês e sua segunda coleção será publicada em breve. Ela mora em Al-Ain. Sua filha, Layan, herdou dela a paixão pela poesia, pois ela também possui uma coleção de poesias em inglês. Meus netos, filhos de Wissal e Khayal, representam para mim uma paternidade nova e muito alegre, são realmente a chuva mais linda, como afirma a dedicatória da minha coleção *Assim eu disse ao vento*.

5

Duas coisas que eu gostaria que acontecessem na minha juventude: cumprir o serviço militar e viver para estudar ou trabalhar, além da família. O fracasso em conseguir isso me impediu de tentar o que deveria tentar: uma vida com gosto grosseiro ou habilidades domésticas necessárias. Mais tarde, minha esposa desempenhou um papel fundamental em me manter do jeito que era. São muitos os pequenos detalhes que me pouparam de vivenciar diretamente: ficar em uma longa fila esperando minha vez de entrar no supermercado, por exemplo. Ela sempre me pressionou para empurrar o carrinho de compras. Como se ela se envergonhasse antecipadamente de um poema que pudesse surgir na imaginação, atrapalhando o fluxo dos corredores, ou de uma aluna cuja memória guardasse as mais belas cenas de um poeta que já foi seu professor.

O sono, para mim, é um paradoxo doméstico. Tenho o hábito de dormir sempre tarde e acordar muito cedo, enquanto minha esposa se diferencia de mim nesses dois aspectos. Eu até preferia que minhas aulas, durante meus tempos de docência na universidade, fossem sempre pela manhã. Agora, dormir tarde não é mais um dos meus hábitos preferidos. Foi substituída pela sesta, que aparentemente é a arma dos iraquianos contra os dias de verão. Ainda acho que uma hora de cochilo puro pode equivaler a horas de sono noturno.

É muito normal que as pessoas tenham diferenças nos rituais de sono. É a nossa privacidade mais secreta. É a nossa pequena morte ou o nosso refúgio temporário, se preferir. Um dos rituais do sono que eu não tinha visto antes foi o que testemunhei no Dr. Muhammad Abdel-Hay Shaaban, o ilustre professor de história islâmica e chefe do Departamento de Língua Árabe e do Centro de Estudos do Golfo, na Universidade de Exeter, durante meus tempos de estudante.

Ele me convidou para jantar quando entrei no departamento com um amigo dele da Arábia Saudita. Fiquei surpreso quando nos serviu o jantar tão cedo. O convidado saudita explicou-me, num sussurro, a razão, dado o seu conhecimento prévio do Dr. Shaaban. Terminamos de jantar e o dono da casa pediu licença, pois era hora de dormir. Continuamos nossas conversas com seu filho e sua esposa escocesa. Ele tinha que acordar de madrugada, pois era a hora de ler, escrever ou realizar algum trabalho do departamento. Eu senti esse problema de perto quando ele sofria de uma perturbação no seu relógio biológico em Bagdá. Ele estava visitando lá em meados dos anos 80. Convidei-o para jantar em minha casa e fomos, por vontade dele, encontrar-nos com o então ministro da Cultura, depois acompanhei-o para visitar Najaf, o Palácio do Emirado em Kufa e o Palácio Al-Ukhaidir, devido à sua especialização e interesses acadêmicos.

Meu hábito de acordar cedo me deixava muito constrangido, principalmente quando era convidado de um amigo. Muitas vezes tenho uma sensação que beira a autocensura: que hóspede estranho, acordado a esta hora, enquanto a família ainda dorme profundamente. Por fim, quase deixei de pernoitar em outros locais que não seja na minha casa, exceto num hotel ou a convite de um amigo com quem tenho intimidade.

6

Nunca tive um apetite voraz, mas tenho uma paixão especial pelo que se prepara na cozinha de casa. Tenho hábitos alimentares ou de preferência por um alimento em detrimento de outro que estão enraizados na infância. Eu só como peixe, por exemplo, na parte da pesca aquática. Sou cativado pelas flutuações do peixe e pelas suas transições indescritíveis entre a densidade e a clareza do riacho. Ele move minha imaginação como move a água do rio, com sua figura graciosa, escamas compactas e nadadeiras que tremulam como cílios. Talvez o fascínio pelos peixes continue a fazer parte daquilo que carreguei desde a minha infância distante. Por esse viés puramente estético, não me sinto atraído pelo camarão, por exemplo, pois lhe falta a estética e o suave picante do peixe. Para mim, não passa de uma minhoca lisa e muito macia, e quanto aos caranguejos, nada me causa tanta repulsa quanto eles. Embora minha família não hesite em comer camarão ou caranguejo, vê-los na mesa muitas vezes me faz abster-me claramente de comer. Minha esposa sentiu, natural e espontaneamente, que a comida era uma linguagem refinada pelo fogo da panela e amadurecida pela compaixão que enchia o coração.

Minha aversão ao camarão era um péssimo hábito, principalmente quando era convidado. Jamais esquecerei aquela noite em que o artista Munir Bashir e eu estivemos em Túnis. O jantar foi à beira-mar, a convite do artista tunisiano Nja Mahdaoui e da sua esposa francesa. As conversas eram uma mistura de assuntos variados e delícias: poesia, caligrafia, música, peixes, conchas marinhas e arroz fino. Assim que vi os camarões espalhados nos pratos de arroz, senti fortes cólicas estomacais. O artista Mahdaoui percebeu isso rapidamente e pediu-me um prato de puro arroz branco. Assim o mar acalmou-se novamente e a noite e as conversas voltaram à sua bela harmonia.

Saudações, ó vizinha árvore

I

Depois que meu contrato com a Universidade dos Emirados Árabes Unidos terminou em 2015, o acaso ou uma visita rápida me levou a este lugar: uma pequena cidade turca, Bolu, cercada de tranquilidade, florestas, colinas e vários belos lagos. Uma cidade ideal para um poeta, um artista, um aposentado ou talvez um amante. Alguns de nossos conhecidos e amigos nos precederam lá, então eles foram os primeiros passos nesta corrente atraindo mais amigos. Portanto, comprei um pequeno apartamento lá. Apesar da ansiedade inquieta do poeta ou do artista em geral e embora seu propósito seja inatingível, tentei, com a ajuda da minha esposa, ser o mais amigo possível deste lugar.

Com o tempo e as mudanças climáticas, comecei a me sentir grato à cidade de Bolu e a esta grande árvore, que fica em frente ao meu apartamento, exatamente de frente para a varanda do segundo andar. Aquela árvore não era, a princípio, uma árvore no sentido verde da palavra. Quando o inverno rigoroso corre nas veias dos seres humanos e esconde os seus veículos com sua manta branca, a árvore fica somente ossos. Sem sombra, sem folhas, sem vida.

À medida que o tempo muda e se infiltra em suas juntas, voltam para ela o verde, as folhas e o farfalhar, tornando-se enorme e densa, como se encapsulasse um pomar inteiro. Ela me concede muitas coisas que criam alegria imaginária. Hoje, por exemplo, não permite uma visão clara da vida desolada que está acontecendo atrás dela devido ao confinamento. Impede a visão das cadeias de montanhas distantes, porém encobriu uma ausência mais severa: refiro-me à desolação das ruas próximas, à falta de presença humana e das sombras e o calor da comunicação e da simpatia. Com seu farfalhar alegre e alta densidade, compensou o que senti de silêncio enchendo as ruas por causa da Covid.

2

Prazer máximo e um espaço poético onde se reúnem elementos de beleza de todas as formas. O primeiro despertar matinal, ao descer de seu leito cósmico, fluindo suavemente no ar da pequena cidade. O sono cai das copas das árvores e os pássaros juntam-se ao coro matinal de alegria. Eles fogem da preguiça da noite, entrando nos primeiros inícios do dia, ativos e felizes. Cenas diárias com as quais passei a me identificar. Porém, a mais bela dessas cenas, na minha opinião, é a que vivenciamos no outono. Uma atmosfera poética por excelência, criada por este capítulo cheio de repercussões. Nesta estação, as nuvens sopradas da serra vizinha presenteiam o espaço da cidade e a grama das calçadas com uma manhã de bastante luz.

Minha esposa e eu estávamos acostumados a ver parques da cidade recebendo massas sucessivas de nuvens que vêm, aceleradas ou pesadas, da cordilheira acima. As nuvens descem e as árvores sobem ao seu encontro, tornando o ar da cidade fresco e agradável. Nas primeiras horas da manhã, íamos ao parque público, próximo ao prédio onde morávamos. A natureza muitas vezes nos surpreende, quebrando a monotonia dos dias.

Muitas pessoas vêm a este parque para caminhar ou utilizar equipamentos esportivos. Ao caminhar na calçada, perto ou longe, não há diferença: diferentes idades e gerações espalhadas pelo caminho do jardim designado para o feito. Eles deixam suas camas quentes habitadas pelos restos do sono e vão para o jardim repleto de árvores transbordando de uma vegetação graciosa, e no meio dele está uma árvore que a velhice alcançou e sua casca enrugada começa a reclamar do que o vento e as flutuações das estações afetaram.

3

Na passarela circular, acontece uma maratona diária com ritmos variados. Flui com a tranquilidade exigida pela euforia da juventude ou com a calma imposta pela sabedoria e dura lógica da vida. Nesta maratona matinal, seja ela fraca ou cheia de ritmo, a dialética da vida se materializa na alegria ou na dor. Duas situações que exigem contemplação: uma jovem no auge da sua excitante juventude, rumo ao seu futuro, que há anos espera. Um redemoinho de perfume derretido e palavras emergindo com uma aura de alegria. E à distância de um olhar, está um velho que anda de muletas com um tédio, tentando, com as forças que lhe restam, receber da alegria do dia o que pode carregar.

Um casal de idosos caminha por uma terra afogada pelo verde, trocando palavras íntimas num resquício de alegria que não se extingue com os dias. Eles medem a distância entre eles às vezes com amor e outras vezes com uma velha culpabilidade, como se estivessem transformando esta caminhada matinal, cheia de afeto e compaixão, em uma época de lembranças compartilhadas e alegria restaurada. No entanto, os olhos não perderam outro exemplo, em que o período de transmissão emocional viva entre estes dois membros fica interrompido e o silêncio entre eles torna-se como se tivesse a textura de uma pedra bruta ou o cheiro de palavras repetidas que perderam seu benefício.

Há cenas e situações em que se revela uma nova familiaridade que vai se consolidando gradativamente entre os integrantes deste encontro. Até a ausência de algumas pessoas naquele passeio diário não passa facilmente e, mesmo sendo uma ausência pequena, sacode a brisa fresca do parque ao ponto do questionamento terno ou da preocupação beirando a pena, como se essa súbita ausência, neste contexto, fosse um aviso de uma ausência que pode ter um significado severo. Depois de um pequeno sol nublado nascer no céu do parque, a multidão divide-se entre os que regressam à casa ou os que se sentam numa daquelas esplanadas de madeira ou guarda-sóis que foram preparados, como todo o local, pela prefeitura. Inclui a todos, especialmente aos idosos, a esperança de nos reencontrarmos sob um sol mais quente.

4

Nesta pequena cidade cheia de ventos chuvosos, eu costumava encostar-me na única janela do meu quarto. Por trás de seu vidro, que treme de frio, vejo nuvens pesadas se aglomerando e bandos de pássaros tentando voar. O poema do poeta aparece no coração como um pequeno botão de flor que se prepara para emergir, atendendo a um dos seus momentos, um momento que ele viveu com um cansaço transparente, encharcado de uma chuva que faz lembrar de si, ainda que as árvores, fora do meu quarto, estejam afogadas na neve desde ontem à noite.

E quase todos os dias testemunho como esse momento se transforma em um pedaço de generosidade divina chegando à cidade. A natureza sai do seu caminho durante a noite e muda muitos dos seus hábitos aos quais nos acostumamos repetidamente em um dia. As árvores brancas e macias escondem dos pássaros o seu verde familiar e o vento lava as cores das calçadas carregadas de algodão e da grama que brota por entre as pedras da estrada.

Que momento é este, um pouco de calor se infiltrando na brancura fria, tomando forma fora das casas, para ser o início de um tipo especial de calor, fluindo entre os ossos das pessoas e movendo-se entre as suas línguas em breve. Entre o calor do interior e a neve do exterior, há uma distância de onde vaza um fio de afeto ou memória da ligação ininterrupta entre duas estações que passam juntas num momento de brancura cinzenta, misturando-se e separando-se ao mesmo tempo.

5

Aqui as estações trocam algumas de suas características. Um momento em que o exterior deixa o seu impacto no interior psicológico das pessoas. Uma doação que combina a paixão das pessoas pela comunicação e a saudade do isolamento, um momento em que as estações se sobrepõem, um inverno cujos últimos vestígios testemunhamos e sentimos alguns dos seus últimos desejos e uma primavera que entra gradualmente nas articulações da cidade, rodeando sua nudez com vegetação.

Eis o inverno, que regressa rapidamente para carregar algumas das suas malas esquecidas e depois seguir para o seu fim. O dia assume uma aparência diferente ou talvez permanente pela primeira vez. Deixando o local para um vento verde, leve e transparente que atravessa as ruas da cidade com graça feminina. Os pássaros deitam-se algures, à espera de um punhado de luz, e o sol pousa "de ombros nus no terraço" à espera de que uma árvore se sacuda dos seus abundantes cabelos grisalhos e os deixe ir embora com o vento. As pessoas próximas aguardam um despertar final, decisivo e franco. Mas nem sempre conseguem isso. Esta sobreposição entre as estações é inevitável, pois é o início de um novo tempo emergindo das janelas para olhar a pequena cidade de Bolu.

6

Porém, sempre há algo que perturba o sonho e confunde seu bom andamento. É como se o destruidor de prazeres e o divisor de grupos sempre estivesse à espreita dos humanos em algum lugar. Ele os persegue em seus momentos mais bonitos para destruir a sua harmonia. Há outro momento. Ele distorce o nosso prazer com toda essa natureza maravilhosa. A pandemia estava chegando. Um dia, nós a encontramos de repente e ela não nos deu chance de nos esconder, escapar ou enganar. De repente, ficamos indefesos diante desta doença. Uma ferocidade que ultrapassa a capacidade humana, superando a sua inteligência técnica pelas suas mutações que chegam ao nível da surpresa. Estávamos diante dela, tanto indivíduos como instituições e governos, num estado de absoluto desamparo. É como se estivéssemos observando suas incríveis habilidades enquanto ela nos surpreende por todos os lados.

No dia em que chegamos a Istambul, em março de 2020, era como se, ao entrarmos no avião dos Emirados, estivéssemos fugindo de uma enchente destruidora. Nossa viagem foi a última antes da suspensão dos voos entre Dubai e Turquia. Nada mudou na beleza da natureza, mas nós, como humanos, fomos atingidos em cheio. Muitas alegrias foram interrompidas para nós. Já não saboreamos o mundo como costumávamos fazê-lo. Em vez disso, o cheiramos de forma incompleta, o sentimos de forma incompleta e também o vemos e ouvimos de forma incompleta. Hoje, ele está completamente fora dos nossos sentidos. Nós nos vemos por trás dos véus e apertamos a mão de nossos amigos com luvas, mas eles não veem nossas feições, não vemos suas emoções, nem suas alegrias. Um momento decisivo que torna tudo diferente:

> *Costumávamos ir passear num parque quase todos os dias...*
> *Minha esposa disse, quando a chuva fraca parou de repente:*
> *Que alegria inacreditável.*
> *Eu disse, depois que o sol nasceu por trás das montanhas molhadas:*
> *Vamos sentar-nos perto daquela brisa que vagueia entre os terraços.*
> *O policial disse, parando de repente com sua enorme moto e sua máscara branca:*
> *Vocês dois precisam voltar para casa agora.*

TIPOGRAFIA:
Blackfire Rounded (título)
Untitled Sans (título)
Untitled Serif (texto)

PAPEL:
Cartão LD 250g/m2 (capa)
Pólen Soft LD 80g/m (miolo)